U0029884

星座小熊
BluesBear
© Starring Ideas Inc.,Ltd.

12/22~1/19
第一本星座書

摩羯座

堅持到底為了贏

作者◎
FB 粉絲 70 萬的人氣插畫家
星座小熊
暢銷星座書作家
曾新惠

今夜星光燦爛

　　星座之於人生，就像一道又一道的美食——

　　有時你會因為溫暖味蕾的甜味而感覺幸福滿溢，有時你會因為嗆衝腦門的辣味而涕淚齊發，有時你會因為直入心底的苦味而五官扭曲，有時你會因為刺激強烈的酸味而起雞皮疙瘩……這些五味雜陳，就像星座顯現的人生滋味，隨時在你心中發酵、迴盪。

　　某一段時間，你可能手氣大順、得意忘形，此時，就會有帶著考驗、壓力、限制意義的星星，現身來平衡你高張的氣燄；某一個時刻，你可能挫折不斷、失意沮喪，此時，就會有帶著幸運、慈愛、溫暖意義的星星，現身來平衡你低落的信心。

星光閃閃，每一顆星都有屬於自己的特質和使命，它們看似不相干，卻緊密相連，交織出一張張精彩美麗的人生星圖，猶如這世上變化萬千的各種滋味，總是讓人百般回味，心神滿足！

目錄・CONTENT

摩羯與各星座的美味關係

◇◇◇◇◇◇◇◇◇ **星座八卦站** ◇◇◇◇◇◇◇◇◇

摩羯與各星座的愛情協奏曲

◇◇◇◇◇◇◇◇ **星座八卦站** ◇◇◇◇◇◇◇◇

12種上升星座，12種摩羯

怎麼辦？摩羯～

◇◇◇◇◇◇◇◇◇◇◇◇ **星座八卦站** ◇◇◇◇◇◇◇◇◇◇◇◇

PART 1

說到摩羯座

以最完整的分類方式，

掃描一遍摩羯的各項基本資料，

讓你快速掌握摩羯的關鍵特質。

 **摩羯速寫**

生日： 12/22~1/19

符號： ♑

英文： Capricorn

守護星： 土星

守護神： 克洛諾斯（希臘）· 薩特爾努斯（羅馬）

性質： 陰性

屬性： 土象星座

宮位： 第 10 宮

宮位性質： 基本宮

代表詞彙： 我做

數字： 3、7

星期： 星期五

顏色： 棕色

花朵： 聖誕紅

寶石： 橄欖石

材質： 木

物品： 具價值性的經典物品

身體部位： 牙齒、骨骼

偏愛場所： 博物館、書店、山上

優點： 家庭觀念、務實、成熟內斂、意志堅強、
有原則、有毅力

缺點： 現實、悲觀主義、壓抑、不善於溝通、制
式化、缺乏熱情

性格原罪： 冷酷

契合星座： 金牛、處女

對立星座： 巨蟹

緊張星座： 牡羊、天秤、雙子、獅子

中立星座： 天蠍、射手、水瓶、雙魚

◇ 神話由來

　　牧神潘恩的外形奇特，有山羊的角、蹄和鬍子，沒有腳，但他卻是優秀的音樂家。潘恩愛上嫌惡他長相的女神西琳克絲，當西琳克絲化身為蘆荻，潘恩就用這束蘆荻做成笛子，吹奏著美妙的音樂。潘恩受邀到神的宴會上演奏，卻引來大怪物的破壞，潘恩在慌亂中跳入尼羅河，但可能是太緊張了，竟變成上半身是羊、下半身是魚的模樣，並以此形象被置於天上，成為星座之一。

◈ 愛情觀

面對愛情的態度是「以結婚為前提」，絕不輕率馬虎，因此，從雙方相識、培養感情、彼此適應、具體共識，一直到正式交往、開花結果、牽手一生，耗時費力，就像一首又長又繁複卻歷久不衰的史詩。

◈ 人際觀

因為守舊刻板的性格作祟，所以不容易讓人想要親近；因為謹慎嚴肅的性格使然，所以不會濫交朋友。對於交友，抱持著寧缺勿濫的原則，再加上不懂得主動釋出善意，因此朋友不多，而自己也不以為意。

◈ 金錢觀

喜歡收入與工作成就同時擁有的榮耀感，但

不心急，只有遠大的長程計畫，沒有短視近利的目標。用錢方面，謹慎節制，從不濫用。投資方面，喜歡獲利穩定的績優股或投資工具。

◈ 工作觀

工作就是生活，生活就是工作，一天到晚把工作掛在嘴邊、放在心上、扛在肩上，從不認為工作無趣又痛苦，反而覺得是一種踏實又滿足的感覺。一生為工作努力不懈，比任何人都有機會成就一番大事業。

◈ 職業

政府官員、教師、公務員、古董業、學者、經濟學家、企業家、建築業、傳統技藝、檢察官、農牧業。

◈ 名人代表

男性：徐志摩、李登輝、王永慶、齊秦、周華健、伍佰、許常德、霍建華、李李仁、周杰倫、毛澤東、耶穌、牛頓、貓王艾維斯、梅爾吉勃遜、丹佐華盛頓、尼可拉斯凱吉、宮崎駿、井上雄彥、村上春樹、坂本龍一、北野武、竹野內豐、江口洋介、玉木宏、小栗旬、金正恩

女性：蔡琴、李玟、張韶涵、謝金燕、桂綸鎂、中谷美紀、吉岡里帆、宇多田光、孫藝真、Black Pink／智秀（Jisoo）、Black Pink／Jennie。

 一天一種摩羯座

12月22日

　　把工作看得比什麼都重要，容易出現工作與家庭失衡的狀況，掙扎徘徊於兩者之間，經常不知如何是好；頗具生意頭腦，務實、有想法、努力不懈，再加上時間的累積，成功機率比別人高出好幾倍。

12月23日

　　吃苦耐勞，幹練勤奮，不肯認輸，無論面對什麼樣的任務，都一定要做出成績來，很在意別人對自己的觀感，希望在社會上贏得響亮的名聲和紮實的成就；溝通能力不佳，常陷在自己的苦

思之中，杞人憂天，缺乏與外界的良好連繫，聽不見別人真心的建議，十分可惜。

12月24日

野心勃勃，對自己信心十足，勇於接受各種挑戰，具正向的人生觀，有機會比別人早一些嘗到成功的滋味，但切記不可過於強勢，避免被反作用力傷害；對於沒有實力的人十分鄙視，對於真有實力的人又太過尊崇，學不會中庸之道，勢必要吃不少苦頭。

12月25日

對自己很有信心，可是一旦遇到瓶頸或進步停滯不前時，會出現無法適應的狀況，可能崩潰或一蹶不振，應謹慎提防；家庭觀念很重，總是

為家人默默付出，再苦再累、花再多心力都不埋
怨，甘之如飴。

12 月 26 日

只對自己放心，所以事必躬親，不假他人之
手，在別人眼裡看起來是勞碌命，但自己卻忙得
開心、忙得踏實；沒有冒險精神，只想沿著傳統、
守著本分，一直做下去，對新事物或新環境缺乏
安全感。

12 月 27 日

過於在乎世俗成就，一心只想站上高高的山
頭，無視於沿途的風景和人事，最後即便得到權
勢，也無法擁有快樂；具有組織力和自省力，凡
事會預做計畫，並不斷地修正缺點，擁有成功者

應具備的好條件。

12月28日

　　執行力超強，說到做到，不需要別人的鞭策，也不用任何威脅利誘，把做好一件事當作為人的基本原則，無論做什麼都讓人覺得可靠安心；無法放鬆、不會玩樂、不懂情趣，給人的印象多是刻板嚴肅，難以融入團體之中，甚至還會被當成社交活動的不受歡迎人物。

12月29日

　　固執冷漠，自視甚高，認為自己解決不了的事，別人也幫不上忙，且不擅言辭，很少與人打交道；不易受外界干擾，在通往目的地的路上縱有傷人荊棘、虛幻假象、煩人障礙，也影響不了

堅若磐石的決心。

12月30日

　　具有如馬拉松賽跑式的無比耐力，將生理和心理的能量發揮到極致，一刻都不鬆懈，為的就是要得到最後那份獨一無二的榮耀；非常愛護家人，認為家庭是最重要的城堡，所有的努力都是因為要給家人更優渥的生活環境，但相對地也比較重視權威和長幼有序的觀念。

12月31日

　　做人做事都很節制，不踰矩、不破壞、不侵犯、不叛逆、不隨便，循規蹈矩、謙遜有禮，總是能把該做的事準時又準確地做好，倍受稱許；創新能力不足，無法隨著情勢改變，只知直線，

不懂轉彎。

1月1日

　　深沉內歛，穩重成熟，清楚自己的目標和方向，凡事計畫周詳，步步踏實，不做沒有把握的事，自己很安心，別人很放心；包容力不夠，十分主觀，只站在自我立場思考問題，不懂得設身處地為人著想。

1月2日

　　生活的最大重心就是工作，除了工作還是工作，沒有生活情趣，不願嘗鮮創新；有獨特的幽默感，雖然能理解的人不多，卻倒也是一種個人特色，應常在眾人面前發揮，以平衡過於嚴肅刻板的形象。

1月3日

　　自我主義，利益導向，從不做對自己沒有好處或報酬率太低的事，凡事必定精打細算之後，才會做最後決定，有時容易讓人覺得現實、無情；毅力過人，堅持力足以稱王，時間是最好的朋友，細火慢熬、鐵杵磨成繡花針的精神，無人能比。

1月4日

　　頗具家庭觀念，對於家人極盡保護之能事，相當負責任，任何重擔皆一肩扛起，且無怨無悔，即使用盡一輩子的心力，依舊心甘情願；不善於經營人際關係，與他人總是保持著距離，有封閉自我的傾向。

1月5日

　　保守傳統，謹慎小心，不容許自己出一點點的差錯，所以對於事前準備工作的要求程度是鉅細靡遺、滴水不漏、萬無一失，十分嚴格；無法接受只求快速、不講品質的做事方法，寧願等待適當機會再出手，也不願意因為趕鴨子上架、草率行事，最後壞了自己的名聲。

1月6日

　　無法適應環境轉變，老是想著守住舊有模式，不願意承認情勢已改變，當大家皆已另闢新天地時，自己仍停留在原地，最後只能接受被淘汰的命運；重視紀律，有責任感，對於他人託付的任務總是能澈底執行、圓滿交付，尤其在工作方面的優異表現，令人無話可說。

1月7日

尊重權威，見賢思齊，認真經營生命裡的每一件事，無論大事或小事，只要是已設定目標的、應該完成的、對自己有利的，一定全力以赴，沒有任何藉口，使命必達；不會主動關心別人，像是從冷酷世界裡走出來的獨行者，心不夠柔軟，與人之間存在著巨大的疏離感。

1月8日

拒絕用賭徒的心態做事，凡事要求確實、精準，可靠，只要稍有風險，就會選擇放棄，堅持腳踏實地、欲速則不達的人生哲理；悲觀主義者，容易往壞處想，外表堅強穩重，其實對自己沒什麼信心。

1月9日

　　事業心很強，會為了事業硬著頭皮經營自己所不擅長的人際關係，為的就是要培養有利於己的人脈，企圖心明顯可見；雖有耐心，但很固執，雖有原則，但不知適時變通，雖有責任，但過於強求。

1月10日

　　缺乏想像力，只知實事求是，對於物質生活的重視遠大於精神生活，講法、講理，卻不講情，把日子過得太緊繃，對人性的要求太苛刻；存錢功力一流，嚴守紀律，一分一毫都算得清清楚楚，絕不含糊。

1月11日

　　脾氣倔、嘴巴硬、個性固執，好像可以自己一

個人生活得很好，其實比誰都需要他人的關愛與呵護，應該把心放得柔軟一些；低調，沉穩，有智慧，領導能力強，工作能力倍受肯定，成就非凡。

1月12日

理性，公私分明，不會將個人的情感放入工作裡，對於自己和他人都有一套嚴謹的標準，稍有差池，絕不寬貸，嚴以律己，也要求別人，凡事一板一眼，不易放鬆；不夠熱心，只關心自己的利益，對於眾人的事能少花一分心力算一分，沒有服務精神。

1月13日

具有強烈的存在感，無法接受虛無飄渺的夢

幻想法，手上要有真實的金錢、腦袋要有能展現實力的內涵、心中要有確切可行的計畫，總之一切都要是自己可以掌握的才行；很怕被別人看不起，階級觀念很重，容易有因為自卑而變成自大的傾向，應將心態調整得更健康些，才不致於因自我限制而阻礙發展。

1月14日

憑實力賺錢，憑毅力存錢，喜歡努力工作後獲得豐厚收入的踏實感，擁有錢等於擁有安全感，但拒絕投機的金錢遊戲，寧可用長時間的等待換取應得的利益；遇到不開心的事，不表達也不溝通，總是一個人生悶氣，不但問題無法解決，還讓人留下負面印象，得不償失。

1月15日

對於理財很有一套，雖不是快速致富的暴發戶，但一定是長期投資的大贏家，善用紀律與耐性，最後必有令人驚喜的獲利；對於未知的領域興趣缺缺，甚至充滿恐懼，常因此失掉向上發展的大好良機。

1月16日

悲觀、憂鬱、深沉，加上要求完美的性格，往往逼得自己走投無路、痛苦不堪，但解鈴還需繫鈴人，除了自己，別人也幫不上忙；認真、責任感強、有實力、勤奮不懈，再艱險的環境也打不倒，終有一天能實現夢想。

1月17日

　　做事不求快、只求品質好，即使需忍受一段苦日子也甘願，精益求精，好還要更好，相信勤能補拙、忍耐可等到好機會；有自掃門前雪的傾向，一切以利益為準則，奉行現實主義，不怎麼管別人的死活，一心追求自我的成功。

1月18日

　　有一分證據，說一分話，誰對誰錯，絕不含糊其詞，也不偏坦推諉，遇到問題就抽絲剝繭地分析，極力避免受情感干擾，理智的程度無人能及；不知道如何接受別人的愛，也不懂如何愛別人，乾涸的心靈之田，缺乏愛的滋潤。

1月19日

　　意志堅強，如千年不滅的火燄，毅力驚人，如永不溶化的冰岩，一旦訂下目標，就只會往前，不可能後退，抱著誓死如歸的精神，直到成功那一刻到來；過於功利主義，一向走親兄弟、明算帳的風格，不給任何人任何空間，喜歡鐵的紀律遠勝於愛的教育。

PART 2

遇見 4 種血型的摩羯座

星座和血型就像連體嬰，

談到星座，免不了要把血型拿出來講，

那麼，乾脆就讓它們大合體，

擦出更眩目的火花吧！

 **A型摩羯**

　　摩羯慣於將壓抑內化成向前邁進的動力，這樣的作法對其他人來說，手段似乎過於激烈，但對摩羯而言，卻是一種厚實穩健的存在感，並可藉此產生如鋼鐵般強烈的信心；A型缺乏自信、憂慮過多，一旦受挫或遇到困境，整個人會變得更畏縮，完全失去面對事實與處理問題的能力，往往需要依靠他人的力量，才能度過難關。

　　摩羯把吃苦當作吃補，若要在一條辛苦的道路和一條輕鬆的捷徑之間做選擇，毫無疑問地，答案一定是前者，因為摩羯認為，天下沒有白吃的午餐，只有飽受磨難之後，才能體會成功的美好；A型不奢望自己凡事幸運，但對於不幸的來臨卻也充滿恐懼，只希望能安心地當一個平凡人，不需要在浪頭上承受風險，也不會被打入地獄受苦受難。

摩羯是悲觀的，Ａ型是負面思考的，雙方特質相加，絕對不會變成陽光燦爛的開朗組合，也不可能是微風徐吹的溫馨組合，但還好的是摩羯多了一份無人能敵的堅持和毅力，再搭配Ａ型的柔軟溫順，也能讓信心緩緩滋長，成為一股無可取代的獨特力量。

　　Ａ型摩羯的金錢觀是務實又節制，絕不會發生類似衝動購物、買了東西才發現沒用的狀況，錙銖必較、精打細算，有能耐把十元當一百元用，看著存款數字節節高升，內心有一份說不出的滿足感。

　　表面上，Ａ型摩羯下決定的思索時間，總是又臭又長，非要讓大家急得跳腳，才肯從嘴裡慢慢吐出最後的結果，好像是一個猶豫不決的人，其實，Ａ型摩羯的內心比誰都要穩固安定，久思不是因為拿不定主意，而是為了將勝率提到最高，不想有任何的閃失。

Ａ型摩羯非常重視家庭，為了保護家人、給家人幸福的生活環境，可以做最大的犧牲和最多的奉獻，毫無怨言，而且十分注重長幼有序、敬老尊賢的觀念，一生的重心都在家庭。

　　Ａ型摩羯遇到擅長的事物時，給人的感覺就是沉穩堅毅、力量十足，但若遇到不擅長的事，則退縮封閉、膽怯害羞，可見心理障礙的影響至深，必須努力克服。

Ａ型摩羯之最

✪ 最容易有自卑感

✪ 最值得信賴

✪ 最節儉

✪ 最有家庭觀念

 **B 型摩羯**

　　摩羯從來沒有一蹴可及、一步登天的幻想，不管做什麼事都紮實謹慎，事前的準備計畫不可少，過程中的努力和堅持不鬆懈，事後的檢討自省更是詳盡完整，是一個連休閒娛樂都會事先做好安排規畫的人；B 型隨遇而安，仗著自己的小聰明，大膽四處冒險、奮力衝撞規矩，受不了正經嚴肅，喜歡沒有限制的自由自在。

　　摩羯不善於溝通，尤其面對陌生人時，莫名的緊張情緒油然而生，一瞬間便陷入肢體僵硬、思考遲滯、表達能力凝結的狀態，而這些與他人互動的負面經驗，將使得摩羯對人際關係更是怯步不前；B 型喜歡新奇事物和沒接觸過的世界，新朋友就像新鮮空氣一樣的必要，身處於人群裡的感覺是如魚得水，靈感與動力更因此源源不絕。

摩羯和 B 型代表一條線的兩端反向力量，一個往東，另一個就往西，一個往上，另一個就往下，彼此的關係不是互補，就是互斥。摩羯的安靜受到 B 型的撩挑，開始有了一點春心盪漾的反應，摩羯的嚴謹因為 B 型的散漫，而出現漏洞與瑕疵，好壞之間，就看自己如何取捨。

B 型摩羯不怕麻煩，只怕費盡千辛萬苦之後，徒勞無功，不僅浪費時間和精力，而且打擊信心甚鉅，頗不划算，所以堅持凡事都要經過謀略運作、精心布局，寧可把心力放在事前的準備功夫，也不要花數倍的力氣收拾殘局。

B 型摩羯雖然極具責任感，卻只有在遇到與自我利益有切身相關的事情時，才會真正捲起袖子、投注精神、身體力行地去執行，堅持花錢花在刀口上、用力用在節骨眼上的做人做事原則。

聰明不外顯、光芒不外露的 B 型摩羯，是一

個實力堅強，但性格低調的狠角色，對任何事都有一套自己的看法，不隨波逐流，定見頗深，在先天資質與後天努力的雙重加持下，成功機率比別人高出許多。

B型摩羯很清楚自己的定位，也很堅持自己的理想，雖無法一下子在強調快速成名的現代社會裡爭得一席之地，但機會是留給有準備的人、夢想會等著有決心的人，一路走來，始終如一，成功便不遠了。

B型摩羯之最

✪ 最衝突

✪ 最有謀略

✪ 最理智

✪ 最不擇手段

O型摩羯

　　摩羯是利己主義的，實際、不浪費多餘的力氣、精準明確，這也是為什麼凡事都要先做準備的原因，在往目標前進的路上，不欣賞風景、不走未知的岔路，任何可能延遲進度或招致危險的事，縱有再多誘惑，絕不嘗試；O型渾身散發一股俠義之氣，雖然脾氣不怎麼好，經常動怒罵人，但其實是個古道熱腸、樂於助人的性情中人，十分大器，有時甚至犧牲自己的利益，也在所不惜。

　　摩羯冷酷又固執，就像終年生活在被冰雪覆蓋、難有一草一木的冰山上的山羊一樣，只有靠著堅韌的毅力和不放棄的耐力，才能度過一個又一個來自大自然的考驗，安然活下去；O型熱情又固執，有的是用不完的旺盛精力和雄偉勇氣，少的是咬緊牙關的持續力，遇到想做的事，就悶著頭往前衝，即使難如登天，也毫無懼色。

摩羯和 O 型的相似處在於個性的「硬」，而相反之處則是摩羯的「冷」和 O 型的「熱」，兩者結合後，摩羯的頑固又被強化，應該可破金氏世界紀錄，不過，摩羯的悲觀、冷漠、自閉傾向，倒是開始有了改善，令人欣喜。

認真不變、努力不懈是 O 型摩羯最鮮明的性格印記，全身上下透著一股傾力克服艱困、為理想勇往直前、不達目的絕不罷手的果敢決心，做大事用一百分的力氣，做平凡的事同樣付出所有心力，一點都不馬虎含糊，是一個絕對負責且勇於面對的人。

O 型摩羯的觀念既定，就很難被改變，不容易與他人達成共識，無論別人如何軟硬兼施，都不可能改變 O 型摩羯已定的心意，希望每一個人都可變成虔誠的信仰者，頗具企圖心。

O 型摩羯不浪漫、沒情調，只知道拚事業和

衝目標，完全不懂生活情趣，也不喜歡接觸新事物，每天走習慣的路徑、做一樣的事、過相同模式的生活，求安全、不求變化，求穩妥、不要冒險。

O 型摩羯不肯輸的精神，支持著自己持續前進，即使考驗從沒間斷過，但信心不減，為成功積累了更深、更強的根基。

O 型摩羯之最

✪ 最固執

✪ 最努力進取

✪ 最不浪漫

✪ 最有企圖心

AB 型摩羯

　　摩羯雖不懂得自我行銷，也不會四處張揚自己的努力和成就，但內心卻滿懷自信堅定的力量，在競爭白熱化的現代社會裡，更顯風格獨具，能一步一腳印地邁向成功；AB 型反應靈敏、適應力強，懂得隨機應變，但有時因為過於急求表現，容易出現聰明反被聰明誤的情形，最後只是白忙一場。

　　摩羯最拿手的絕活就是勤奮努力和堅持到底，別人認為過不了的難關，反而成為摩羯最想挑戰的目標，一邊累積經驗、厚植實力，一邊追趕進度，把競爭者狠狠甩至腦後；AB 型效率高、能力強，看重自己甚於他人，而且喜歡走捷徑，沒什麼耐心，成績呈現極端走向，不夠穩定，不適合耐久賽，短線的勝利機率較高。

摩羯的執念因為 AB 型的善變，有了些微的改變，不再那麼僵硬固執、食古不化，但摩羯的認真態度卻也因為 AB 型的自作聰明，而開始有鬆動的現象，兩者相互影響，優劣參半。

AB 型摩羯不僅尊重權威，也試著瞭解未知的領域，雖然，未必對新奇、快速變化的事物全盤接受，但起碼願意在思想上接收新刺激，不再背負死守傳統的原罪，也不只是封閉在自以為是的象牙塔裡，為自己開啟一扇不同光源的窗，同時開創一條新的人生道路。

被他人視為吃喝玩樂的工具、不起眼的小環節，或是從未注意過的現象，在 AB 型摩羯的眼裡卻成為大大的商機。AB 型摩羯頗具商業頭腦，無論是商業嗅覺、成本管控、業務發展、行銷宣傳等各方面，都有自己獨特的想法，傾力投入，充分發揮以賺錢為樂的企圖心。

AB 型摩羯現實、利益導向，不喜歡浪費時間，堅守精準明確的原則，自覺不需要依賴任何人的幫忙，大多只在制式限定的範圍內運作，也極少在人際關係上下功夫，一切靠自己，所以必須付出超乎想像的心力，才能完成理想目標。

AB 型摩羯有想法、有執行力、有贏家的條件，但若因為求名求利而忽略周遭其他人的感受，恐怕離成功的距離會變得很遙遠。

AB 型摩羯之最

✪ 最內斂

✪ 最懂得經營事業

✪ 最有執行力

✪ 最現實

12星座最怕哪些事？

牡羊 最怕沒搶到第一，最怕依賴別人，最怕無聊。

金牛 最怕變動，最怕沒有美食，最怕沒錢。

雙子 最怕資訊落後別人，最怕一成不變，最怕拖太久。

巨蟹 最怕沒依靠，最怕冒險，最怕緊急狀況。

獅子 最怕沒面子，最怕安靜，最怕冷清。

處女 最怕失序，最怕髒亂，最怕被指責。

天秤 最怕沒朋友，最怕沒人陪，最怕失態。

天蠍 最怕沒隱私，最怕沒權威，最怕被背叛。

射手 最怕給承諾，最怕被限制，最怕愛計較。

摩羯 最怕速度太快，最怕不受尊重，最怕不確定。

水瓶 最怕沒自由，最怕守舊，最怕太感性。

雙魚 最怕壓力，最怕被規定，最怕被要求負責任。

PART 3

摩羯與各星座的美味關係

當摩羯與各個星座碰在一起,

會產生什麼化學變化,

能變出什麼美妙的人生滋味呢?

你也來嘗嘗吧!

 摩羯 VS 牡羊

關係指數 ★★
特調滋味 甜鹹不調
秘密武器 相互包容

　　牡羊心中坦蕩，無愧天地，做人做事光明磊落，天不怕地不怕，把冒險犯難當成一種體驗人生的享受，對於貧乏單調的恐懼更甚於受傷挫敗，不願用循規蹈矩來換取安全，寧可接受挑戰、對抗強權，非要把自己弄得渾身是傷，才覺得符合熱情勇敢的英雄主義。

　　每每面對一件事，從決定、執行到結束，只能用風馳雷行來形容，急得不得了，屬於趕死人不償命的衝動派。好奇心強，對自己有興趣的事物，全心投入、全力以赴，反之，則絕不勉強自

己，甚至連正眼瞧一眼都懶得，對於喜惡的反應很極端。

企圖心強，信心滿滿，凡事都想搶第一、拔頭籌，相信只要是自己想得到的，一定能達陣成功，沒有輸的理由，只有贏的希望，隨時隨地抱持的信念都是積極樂觀和永不言敗。

摩羯做人謹慎、做事小心，沒把握的話不說，沒計畫的事不做，早早就把自己的一生規畫得安穩妥當，然後一步一腳印的慢慢實行，即使路上有風有雨、有險阻有劫難，最後一定會到達目的地，實踐屬於自己的理想。而牡羊過的是隨興所至的冒險人生，不愛預先設想，因為那會少了樂趣，不喜歡制式的步調，因為那會沒了刺激感，認為有危險的地方才有黃金，有開創的動力才有新視野。

摩羯一點都不羨慕牡羊的自由自在，反而覺

得心驚膽顫，不懂牡羊為什麼要拿自己的安全當籌碼、拿自己的生命開玩笑，一個人如果能安安穩穩地照著計畫而行，不是很安心幸福嗎？摩羯不明白牡羊在急什麼，牡羊不清楚摩羯在怕什麼，兩人的確很難有交集。

◇ 如何調出兩人的美味關係？

基本上，兩人的性格差異是不小的，不是快與慢、熱與冷的組合，就是動與靜、攻與守的搭配，很難被放在同一個天秤比較，也極少被拿來一起配對。但其實雙方還是有一兩個相似之處，暗暗地支撐著彼此的友誼架構，只要一方肯用心發掘，並將自己的想法誠懇地表達出來，很快就能打破藩籬，建立良好新關係。

 **摩羯 VS 金牛**

關係指數 ★★★★★

特調滋味 厚實濃烈

秘密武器 福禍與共

　　金牛喜歡看得到、摸得到的具體實物，因為真實的擁有能帶來安全感，不必為虛幻或充滿變數的未知空等，已經握在手上的才算得上是資產。做人可靠，做事穩重，待人和善客氣，對自己的技能和才華有信心，但不會喧嚷自誇，強調以實績服人。

　　動作緩慢，按部就班，重視計畫，一旦處於快速多變的狀態，會有幾近心臟病發的不適感，對於周遭一切變化完全來不及消化和反應，容易造成沮喪和挫敗感。觀念保守，思想刻板，不敢

冒險，也不想嘗鮮，覺得規律安穩的生活即是最大的快樂。

喜歡吃美食和具美感的事物，平時節儉成性，每花一分錢都要再三斟酌，但會為一次豐盛的大餐或一件嚮往已久的昂貴物品實行存錢計畫，只要一存夠錢，便毫不猶豫地買下，享受自給自足的踏實感。

摩羯行動之前必須先訂定周詳的計畫，不投機，也不冒險，一旦著手實行就不輕言放棄，即使眾人嘲諷的耳語不斷，一路上的困難重重，還是會咬緊牙關度過，是認真負責的最佳典範。而金牛的基本性格、做事態度則與摩羯不謀而合，決定了一個計畫，就從頭貫徹到底，決定了一個目標，就努力奮戰到後，不但耐力驚人，還有絕佳的執行力，兩人都是以實績服人的務實派。

摩羯和金牛的速度都不快，但步步走得穩健

踏實，就算身邊的誘惑和刺激不少，仍不為所動，只堅持一貫的步調，相信自己一定可以成功，當摩羯需要有人協助時，金牛是最佳人選，當金牛需要有人提供建議時，摩羯是第一首選，兩人相輔相成，共好雙贏。

◈ 如何調出兩人的美味關係？

兩人的契合度是百分百，一方只要眨眨眼，另一方就知道意思，是靈魂伴侶，也是精神支柱，更是可以同甘苦共患難的知心好友，不必多說就能心領神會，無論在一起做什麼都覺得開心自在，而且理念和價值觀一致，即使偶爾發生意見分歧的狀況，也很快就能取得共識，並尋得解決之道，互動關係十分完美。

 **摩羯 VS 雙子**

關係指數 ★★★

特調滋味 清淡貧乏

秘密武器 真心誠意

　　雙子的想法千變萬化，手腳爽利明快，全身細胞永遠都處在活躍跳動的狀態，就連睡覺做夢都能想出令人拍案叫絕的新點子，生活有趣精彩。辯才無礙，善於交際，什麼話題都能聊，什麼人都能相處融洽，但大多口頭之交，對於累積情誼並沒有幫助。

　　對於訊息的蒐集、處理和傳遞能力，無人能及，好聽的說法是人人崇羨的資訊達人，但較貼近事實的稱號應該是唯恐天下不亂的八卦王，整天穿梭在如槍林彈雨的大小資訊之間，不但不覺

得紛亂煩擾，反而有一種蓬勃生動的趣味，不亦樂乎。

遇到該負責任時，不是插科打諢混過去，就是用裝死的方式逃避，不是一個有承擔力的人。做事只有三分鐘熱度，過了興頭就棄置一旁，也不管完成程度如何，很難老老實實地做好一項任務。

摩羯對於具有歷史意義的古味、古法、古道十分感興趣，也特別遵從嚴守，因為摩羯相信凡走過必留下痕跡、凡經歷必留下教訓，既然是前人流血流汗換來的寶貴經驗，當然要銘記在心，嚴加遵行。而雙子對古老的東西只是單純欣賞，無意做效學習，反倒是對新奇的、未知的、沒體驗過的事物懷有高度興趣，哪裡有新鮮貨就往哪裡鑽，哪裡有新新聞就往哪裡走，雙子就是一個愛學新知、愛湊熱鬧的人。

摩羯和雙子之間並沒有什麼衝突性，但也沒什麼連結性，摩羯是舊派大老，雙子是新派代表，彼此喜歡的事物不同、接觸的領域迥異、追尋的人生目標也完全不搭軋，因此，如果雙方能拿出誠意相互尊重，就已經算是令人欣喜的友好狀態了。

◇ 如何調出兩人的美味關係？

即使對方什麼都沒做，也沒礙到誰，但彼此對對方都有一種說不出個所以然的反感，只是還不到針鋒相對的地步，不會在檯面上把自己心裡真正的想法全盤托出，尚為對方保留一些面子，也為自己留些餘地。道不同不相為謀，既然不適合湊在一塊兒，就不應該勉強，只要各司其職，把該做的事做好，井水不犯河水，自然也就皆大歡喜了。

 摩羯 vs 巨蟹

關係指數 ★★

特調滋味 甘苦交混

秘密武器 尊重對方

　　巨蟹在這世上最愛的、最想照顧的就是自己的家人、族人、同類人，只要能扯上關係或有共同之處，便掏心掏肺、犧牲奉獻，而且完全不求回報，是一個寬大為懷、溫厚親切的人，不過，容易膽怯畏縮，也沒什麼主見，經常處於猶豫不決的狀態。

　　生性敏感，尤其對於人情事故的細微變化，更是感知深刻，很會看人臉色，但卻不懂得排解情緒，再加上習慣以悲觀負面的角度來解讀事情，以致於常自陷憂傷可憐的氣氛之中，難以自拔。

面對不合理或不舒服的情況時，總是不自覺地壓抑情緒，等到忍無可忍時，才整個大爆發，猶如突然投下一顆原子彈，讓人感覺情緒反應十分兩極。理財觀念強，不僅精打細算，而且懂得對收入和支出做完善規畫，絕不會發生寅吃卯糧的慘劇。

　　摩羯給大家的印象總是低調、沉默、沒有意見，是一個一直聽卻很少說的人，但這並不表示摩羯沒有想法，而且實際上摩羯堅定的意志和堅硬的脾氣，是極少有人能超越的。巨蟹雖有外在的硬殼，卻只在防禦和保護，其實內在是柔軟怯弱的，遇到問題或麻煩，也不懂得以實際行動化解危機，只是又急又氣又哭又悲情地自憐自艾，總是感性多於理性，皺眉的苦臉多於開朗的笑容。

　　摩羯希望默默耕耘，交出漂亮的成績單，奠定無可取代的社會地位，因此特別努力勤奮、嚴守紀律、提早規畫、堅忍不拔，而巨蟹的人生焦

點永遠在家庭，走的是溫馨溫情的路線，摩羯不喜歡巨蟹的軟弱，巨蟹覺得摩羯太看重權位，兩人各有堅持，不易相讓或相融。

◈ 如何調出兩人的美味關係？

雙方的關係是既衝突矛盾，又掙扎拉扯，好像只要兩人同時存在一個空間裡，氣氛就變得不對勁，不是雞飛狗跳，就是僵持不下。其實，彼此的狀態就像蹺蹺板，一邊高的時候，另一邊就必須低，相互配合才能和諧，如果硬要都爭高或都搶低，下場當然很慘烈，還不如先談妥搭配的方式，並從禮讓和瞭解對方做起，一定可以慢慢地漸入佳境。

 # 摩羯 vs 獅子

關係指數 ★★★

特調滋味 苦中帶酸

秘密武器 親疏分明

　　獅子把自己定位成一個君臨天下的王者，所以喜歡指揮別人、習慣發號施令、重視排場、講究氣氛，無論出現在什麼場合，一定要成為最閃亮的那個顆星，炫目華麗且光芒四射，若有人膽敢對君威不敬或對君命不從，必以威猛狂嘯的獅吼功伺候，非要對方懾服不可。

　　熱情樂觀，正直誠懇，魅力十足，在群體中能發揮以正面能量感染他人的效果，即便自己遇到煩惱或傷心的事，仍願意伸出援手去幫助別人。具創造力和戲劇天分，樂於將自己心裡真實的想

法，藉由創意和表演與人分享，沒心機，不計較，更無害人之心。

因為自命不凡，所以驕傲自大、霸道武斷，因為自封為王，所以不容異己、重權要勢，而且脾氣特別大，為所欲為，只要有人不小心犯了忌諱，就大動肝火，容易讓人留下喜怒無常的印象。

摩羯給人的印象就是沉默、低調和保守，在群團中不但不搶眼，而且還很容易被忽略，不過，只要給摩羯足夠的時間，就會看到令人驚豔的成績，甚至贏過許多原本被看好的人選，技冠群雄。獅子站在人群中的第一刻，便做好了成為王者的準備，亮麗閃耀、架勢十足，即使只是做一個微不足道的小動作，也希望受到全世界的注目，重視排場與好大喜功的性格溢於言表。

摩羯向來謹言慎行，總要確定達到目標了才對外宣布，絕不做沒把握的事，但獅子卻喜歡一

路敲鑼打鼓地營造氣勢，認為高調宣傳和贏得成功是同等重要的事。摩羯受不了獅子的喧鬧，獅子看不慣摩羯的沉悶，雙方價值觀有著極大落差，想要達到平衡點，確實不易。

◈ 如何調出兩人的美味關係？

對於對方的神情態度與處事風格，十分不以為然，甚至鄙視不屑，總覺得自己什麼都比對方好，只要有一方說一句話或做一個動作，另一方立刻就表現出不耐煩、不苟同的嘴臉，互看不順眼。但是，冤冤相報何時了，這時候反而應該用更多的愛與耐心，包容對方，檢討自己，才有可能化干戈為玉帛，轉負為正，創造雙贏的局面。

 摩羯 vs 處女

關係指數 ★★★★★

特調滋味 鮮甜入味

秘密武器 相輔相成

　　處女的分析能力和組織能力皆高人一等，不管面對再怎麼混亂雜錯的狀況，都能在最短的時間內理出一個清楚明確的頭緒，以及讓所有人都覺得滿意的結果，勤奮努力，堪稱處事高手、效率達人。

　　精密有序是基本要求，確實負責是中心思想，完美無瑕是必達標準，即使因此必須過著嚴謹忙碌的生活，亦覺得開心充實，毫無怨言。雖然，表面看起來是一個事事實際、利益分明的人，其實具有高度熱忱，樂於為需要幫助的人提供服務。

自己嚴守紀律，也強迫別人跟著遵循，看什麼事都不順眼，愛批評、愛挑剔，整天嘮嘮叨叨、碎唸不停，讓旁人大呼吃不消。在人前的表現總是謙遜有禮、不爭不搶，但在人後的真實面目卻是錙銖必較，手上不僅握緊了箭，同時也備好了盾，可攻可守，絕不吃虧。

摩羯總是一步一腳印地過著自己的人生，也許有些人覺得摩羯的生活經驗不夠多元豐富，有些人覺得摩羯的速度趕不上時代的進步，然而，摩羯就像龜兔賽跑裡那隻烏龜，一開始，外表不起眼、成績不亮眼，但最後卻是不折不扣的贏家。處女和摩羯的觀念、做法十分相似，是一個注重細節、執行力超強、勤奮不懈的人，無論多麼艱難的任務都能達成，而且力求盡善盡美，是人人讚許的效率高手。

摩羯和處女做事不喜歡拖泥帶水，也不愛講藉口、找理由，說到做到，一以貫之，兩人無論

是獨立作業還是攜手合作，都可交出令人滿意的成績，即使在過程中可能面臨一些難以突破的瓶頸，但最後還是能以毅力和決心克服，彼此都是對方最有力的助手和最強的後盾。

◆ 如何調出兩人的美味關係？

做事有計畫，認真負責，小心嚴謹，耐力驚人，穩健務實，重視物質生活甚於精神生活……這些都是兩人共有的特質，所以相處起來毫無隔閡，不必多餘的揣測，也不需費心搞定複雜的人際關係，覺得特別安心踏實。但要小心在不知不覺中把自己封閉於同類型的交友圈中，生活不夠多元、經歷不夠豐富，可能會流失一些千載難逢的好機會。

 # 摩羯 VS 天秤

關係指數 ★★

特調滋味 甜鹹不同

秘密武器 相互包容

天秤很在意平衡的問題，左邊是十公斤，右邊也要是十公斤，左邊放了一朵花，右邊也要放一朵花……只要一看到左右不對稱，就覺得渾身不舒服，非要想辦法改善，直到合乎公平公正的標準為止。

為人客氣溫和，與人相處融洽，喜歡愉悅舒服的氣氛，所以總是盡其所能地避免爭端是非；當問題的關鍵人是自己時，委曲求全、以和為貴，當問題出在他人身上時，則自願擔任居中協調者，為的就是能大事化小、小事化無，大家和睦愉快

沒紛爭。

　注重形象，氣質出眾，親和力與溝通力特別好，活躍於各個人際社交圈，擁有迷人又知性的公關魅力。浪漫的理想主義者，紙上談兵的功力遠遠超過真槍實彈的實戰經驗，再加上愛享樂、不愛工作的習性，容易給人安逸懶散、光說不練的印象。

　摩羯雖然氣勢不是最強的、嗓門不是最大的、外在表現不是最耀眼的，但卻是路遙知馬力的最佳代表，不但可以任重道遠，而且堅持、務實、有擔當，接受所有一切考驗，使命必達。而天秤則是一個外形與社交手腕重於一切的人，常常為了打圓場、為了讓人留下好印象，就隨口答應別人的請求，等到最後發現自己無力完成時，又不願勇於面對，乾脆一走了之，裝作什麼事也沒發生。

摩羯無法忍受天秤這種不講實力、只靠伶牙俐齒的表面功夫，就能到處混飯吃的人，而天秤則嫌棄摩羯跟不上時代，只會在自己的象牙塔裡埋首苦幹，雙方你一來我一往，鄙視的眼神與不屑的口氣如刀箭齊飛，最後，當然也就只能落入兩敗俱傷、漸行漸遠的境地了。

◇ 如何調出兩人的美味關係？

一個要往東，另一個就想往西，一個覺得美妙開心，另一個就嗤之以鼻，兩人來自不同的世界，話不投機、水火不容，不管從哪個角度切入都無法找到共同點，若硬要湊在一起，只會消耗彼此的時間和精力，並留下一堆歇斯底里的怨言。倒不如學著尊重對方，你走你的陽關道，我過我的獨木橋，不強求，也不期待，彼此會過得更快樂。

 摩羯 VS 天蠍

關係指數 ★ ★ ★

特調滋味 甜中帶苦

秘密武器 各退一步

　　天蠍因為精明幹練、執著專注，所以被人視為不好惹的狠角色，又因為嫉惡如仇、報復心強，而被當作可怕的冷血者，在群體之中，就像一個天生的絕緣體，凡人不敢靠近、常人避免接觸，大家都躲得遠遠的，深怕一不小心就成了毒螫下的祭品。

　　外表看起來冷酷幽暗、默不作聲，其實是一個外冷內熱、用情至深的人，全身散發神祕的吸引力，一旦決定付出，就難以收回，而且要求對方同等投入，否則玉石俱焚；無法忍受被背叛，

占有欲極強。

具有如偵探般敏銳的直覺和洞察力，能一眼看穿對方心裡的真實想法，主觀意識強烈，對於追求真相和揭發內幕特別感興趣。善用謀略，執行力強，勇於克服困難，不輕易被挫折打倒，說到做到，絕不含糊其事或打馬虎眼，極具競爭力。

摩羯表面上是一個不多話、只會默默耕耘的人，事實上，摩羯的城府深又看得遠，當大家忙著爭搶眼前的蠅頭小利時，摩羯早就做好贏取最後大餅的計畫，具備恬恬吃三碗公的深厚實力。天蠍的隱藏、冷靜和摩羯的深沉、低調有異曲同工之妙，只要天蠍自己不說，沒有人能猜出個所以然來，所有的大方向和小細節都掌握在天蠍手中，真相和祕密就是未來成功的重要關鍵。

摩羯和天蠍的觀念與步調一致，不需要花太多時間整合或協調，就有令人稱羨的默契。不過，

雙方都是極有主見的人，一旦發生意見不合的狀況，到底誰聽誰、誰讓誰，勢必是一個逃避不了又難解的習題，屆時就要看兩人是否有足夠的智慧跨過這個門檻了。

◈ 如何調出兩人的美味關係？

從外表看來，兩人喜歡的事物和行事的風格似乎不完全相同，但若仔細研究分析，就會發現根本是殊途同歸的同路人。兩人不但有著極大部分的相似特質，而且還有共同的習性和興趣，如果能時常彼此分憂、分擔、分享，便可讓原有的優點發揮得淋漓盡致，且對於增長見識和改善缺點亦有莫大助益。

 ## 摩羯 VS 射手

關係指數 ★★★
特調滋味 平淡無奇
秘密武器 各司其職

射手就像讓人心情大好的暖陽、可治百病的笑聲、充滿希望的正向能量，一切變得如此美好，是一個人人都想接近和學習的對象。喜歡接觸新事物，經常旅行，結交各領域的朋友，富哲學思考，同時具有行動力和實踐力，所以智慧過人、知識廣博。

不受框架的侷限，不理會制度的規範，熱愛自由，奔放開闊，即使付出的代價是不斷地被騙、被傷害，亦無所謂，依然樂觀開朗，勇敢冒險，為的就是尋找別人一輩子也到不了的奇境聖地。

口沒遮攔、快人快語，往往刺傷了對方的心卻毫無知覺，老是顧著自己開心，卻忘了替別人著想。過於理想化，還沒想清楚得失利弊就直接衝出去，十次有九次都以傷痕累累收場。說話誇大，動作誇張，又害怕承諾，特別容易給人留下不牢靠的負面印象。

摩羯做事必守的兩個原則，一是有沒有做好準備，二是最後有沒有成功，寧願用長時間來換取百分之百的勝率，絕不勉強草率，很務實、很精準、很嚴格，是一個沒有模糊地帶，只有清楚界線的人。而射手認為人生可以有無限的可能，所以從不做事前規畫，刻意去享受意外帶來的樂趣，更不在乎輸贏成敗，因為在過程中得到的感動、情誼和學習，早就超越了一切物質名利。

摩羯要求物質的踏實感，射手追求精神的飽滿度；摩羯可以慢工出細活，射手可以快速搶時效；摩羯說話小心、行為謹慎，射手單刀直入、

口沒遮攔。摩羯和射手的基本調性差距太大，從來就不是會被擺在一起比評或較量的個體，所以，各自為政就是最聰明的作法。

◇ 如何調出兩人的美味關係？

一個是急性子，一個是慢郎中，兩人的關係並非絕對的對立，相互干擾與相互協助的部分也不大，就像曾經打過照面，但彼此不熟，只是各自過著生活的鄰居。既然雙方之間有本質的差異，就要學著尊重對方的想法和做法，一方不可強勢的要求，另一方也不需以弱勢自居，否則久了一定會爆發難以想像的問題，倒不如平時就建立平等的觀念，自然就可相安無事地繼續相處下去。

 摩羯 VS 摩羯

關係指數 ★★★★★

特調滋味 厚實濃烈

秘密武器 福禍與共

　　摩羯喜歡遵循古法、重視禮教、實力雄厚，而且特別強調安全，凡事只要可能承受風險，哪怕只是小得微不足道，談不上任何威脅，一樣會斷然拒絕，是一個不折不扣的老頑固、老長官、老學究。

　　一生之中有百分之九十的時間都用在工作上，除了真實的工作時間比一般人長許多之外，連休息、甚至睡覺都在想與工作有關的事，是大家公認的工作狂，生活規律而缺乏變化，刻板而不懂情趣，成熟而過於嚴肅拘謹，認真可靠而沒有意

外的驚喜。

深沉內斂，情感壓抑，有點悲觀傾向，但意志力和執行力十分驚人，一旦確定目標就不會改變，持續穩定地前行，雖然速度不快，但是步步走得踏實，再加上絕佳的領導力與組織力，往往能成為跌破大家眼鏡、最後坐上成功者寶座的人。

許多人一說到兩個摩羯的組合，或許立刻會皺起眉頭，想像沉悶、無聊、毫無創意的相處畫面，但其實就摩羯來說，這卻是最令人安心的成功搭配，猶如吃了一顆定心丸。摩羯很清楚對方的想法，即使以現實狀況來說，對方暫時的表現並非最亮眼，但摩羯知道對方一定會成為最後那位坐在勝利者寶座的唯一成功者，因為自己和對方有著相同的耐力和堅持到底的性格，所以信心十足。

摩羯不排斥和同樣努力的另一個摩羯合作，

但所有付出和獲得都必須在行動前做好完善規畫，且保證確實執行，只要有任何偏離軌道的狀況發生，尤其是可能影響最後利益分配的情形，都不會被實際主義論調的摩羯接受，因此，雙方能拿出多少誠意便成了絕對的關鍵。

◈ 如何調出兩人的美味關係？

你有的，對方也有，你缺的，對方也缺，兩個人就好像照鏡子一樣。感情好的時候麻吉得不得了，但是一言不和、起衝突時，嚴重性也會甚於其他人。其實，彼此對對方的心情是惺惺相惜的，不僅相互欣賞優點，也會為對方的弱點擔心，那麼，何不勇敢地表達出自己心裡真正的心意呢？兩人應該經常交換生活心得，多給予對方鼓勵，要說氣話之前先冷靜一會兒再溝通，即可避免無謂的爭端。

 摩羯 vs 水瓶

關係指數 ★★★

特調滋味 苦中帶酸

秘密武器 親疏分明

　　水瓶忽遠忽近、忽淡忽濃、忽冷忽熱的詭異性格，總是得到兩種極端的評價，那些熟識的麻吉好友，異口同聲說這就是不矯揉造作、自然泰若的真性情表現，而那些初次見面的陌生人，則破口大罵：「不懂地球遊戲規則的外星人，有什麼好跩的啊！」

　　獨立創新，冷漠主觀，叛逆孤僻，以致於在群體中顯得格格不入，常常冷不防地就躲進只有自己瞭解的世界，與世隔絕，不想理人，也不想被理。其實，內心裡深藏著博愛、為人類服務的

高度理想，只是懶得解釋，覺得時機到了，該懂得的人就會懂得，不需多費唇舌。

雖然才華洋溢，但不刻意外露，雖然具備賺大錢的能力，仍淡泊名利，一生最怕的事就是失去自由，寧願當一個餓著肚子卻滿懷理想的自由鬥士，也不願成為口袋滿滿卻綁手綁腳的大富豪。

摩羯雖然不會急切地衝上台去登高一呼，也不會好大喜功的自封為王，但並不表示摩羯沒有企圖心，相反地，摩羯穩重內斂、深謀遠慮的性格，根本就是標準的領導人特質，終有一天，待時機成熟，摩羯就會站上領導位置，帶領大家向成功之路邁進。水瓶從來都不向現實妥協，只做自己想做的事，對於命令不聞不理，是一個毫無權利欲望，只想改革創新，並需要擁有絕對自由的叛逆者。

摩羯和水瓶的組合就像威權主義與革命主義

的對峙，當摩羯用組織、服從那一套來對付水瓶時，水瓶只會更激烈的反抗，而當水瓶寧願用生命換自由時，摩羯只會用更強的權力壓制，所以，兩人的關係常處於緊繃狀態，讓彼此都不舒服。

◈ 如何調出兩人的美味關係？

對方的長處是自己缺乏而且羨慕的，對方的短處是自己獨有而且有能力幫助對方改善的，彼此的關係就好像優缺點互補的組合。剛開始相處時，可能因為性格的差異而有所保留或顯得尷尬，但只要一方願意先卸下防衛的面具，拿出具體的誠意來，兩人之間立刻多了一座用溫暖和真誠造成的友誼橋樑，從此相輔相成、愉快融洽。

 摩羯 vs 雙魚

關係指數 ★★★

特調滋味 甜中帶苦

秘密武器 各退一步

　　雙魚愛上的是一種感覺，一種迷濛夢幻的感覺，一種無法具體描述，但卻使人無限依戀的感覺，那是精神層次的追求、心靈寄託的依歸，只有遠離複雜刺激、針鋒相對、物欲橫生的陸地，回到溫暖柔軟的廣闊海洋，才能放心地悠遊，感受前所未有的舒適安全。

　　天真浪漫，單純脫俗，慈悲體貼，特別同情貧苦弱勢的可憐人，即使自己只剩一碗飯，也會毫不考慮地先給最需要的人吃，然後再一邊忍受飢餓、一邊尋求更多援助，是一個善良又寬厚

的人。

喜歡逃避，自制力弱，缺乏判斷力，容易受
騙或受誘惑，而且一旦陷入深淵就很難自拔，經
常遊走在善與惡的交界。直覺、潛意識、玄學、
神祕學等靈性方面的啟發能力極強，藝術天賦高，
在音樂、戲劇、寫作、舞蹈等方面的表現優異，
令人讚嘆佩服。

摩羯追求的是務實具體的成果，不偷工減料、
不去東刪西，每一個步驟都做得紮紮實實，每一
項計畫都執行得澈澈底底，很怕被人批評沒有實
力，所以兢兢業業地努力著，很怕淪落為失敗的
人，所以一刻都不敢鬆懈地拚命往成功目標前行。
而雙魚則完全相反，物質欲望超低，對名利地位
毫無興趣，只想安逸閒散過一生，胸無大志，也
不強求，是一個自我要求不高的人。

摩羯也會因為雙魚的真心關懷而感動，雙魚

也會因為摩羯的認真勤懇而奮發，但這些終究都只是一時的情緒，等激情過後，好感煙消雲散，彼此的不和與不滿排山倒海而來，日益擴大的問題也會變得越來越難解，就像烏雲一般驅之不散。

◈ 如何調出兩人的美味關係？

彼此之間存在著一股莫名的吸引力，但卻不十分強烈，清清淡淡、輕輕盈盈，相處的時候，感覺愉悅自在，不相處的時候，也不會特別想念，像是一種相互欣賞但不親密的隨緣感覺。其實，雙方各有優點，倒是缺點的部分比較類似，所以特別需要相互提醒、規勸，把對方當成明鏡，隨時修正自己的缺失，才能共同進步提升。

12 星座笑傲群星的過人特質

牡羊　行動力，勇敢，急躁，天真，自信。

金牛　節儉，耐力，固執，鑽牛角尖，穩重。

雙子　幽默，速度，機智，話多，八卦。

巨蟹　愛家，敏感細膩，懷舊，包容力，情緒化。

獅子　領導力，創造力，表演天分，自大，風度。

處女　責任感，批判，守規矩，挑剔，細心。

天秤　猶豫，社交力，愛美，和諧，善辯。

天蠍　心機，嫉惡如仇，吃醋，冷酷，神祕。

射手　愛玩，樂觀，熱情，誇張，神經大條。

摩羯　事業心，執行力，堅持力，嚴肅，認真。

水瓶　創意，搞怪，博愛，理性，好學。

雙魚　浪漫，胡思亂想，心軟，逃避，藝術天分。

PART 4

摩羯與各星座的愛情協奏曲

當摩羯與各個星座掉進愛的漩渦時，

怎麼做才能擁有一段讓人動心、覺得窩心、

感到開心的愛情呢？

這裡有祕技在此公開。

PART 4. 摩羯與各星座的愛情協奏曲　**91**

摩羯 love 牡羊

牡羊情人的脾氣爆點很低，一觸即發，稍有不對勁就大發雷霆，不鬧到滿城風雨絕不罷休，最好再來個對方被嚇到屁滾尿流的戲碼，那就更過癮了。不過還好的是，脾氣來得快、也去得急，才一轉眼，臭臉變笑臉，怒氣變笑聲，像疾風驟雨後的燦爛豔陽。

受不了欲迎還拒、半推半就的黏膩感，一旦有了愛情的感覺，二話不說，立刻化身為愛的戰神，全力發動攻勢，誓言用最短的時間擄獲對方的心；當愛的感覺消失時，亦是直來直往，無法忍受拐彎抹角、冷嘲熱諷，有什麼不爽快就大剌剌地說出來，直接給雙方一個痛快。

喜歡征服的勝利感、喜歡在愛情關係裡占上風、喜歡對方崇拜自己的眼神，討厭不說話的冷

戰、討厭對方在眾人面前不給面子、討厭對方死纏爛打，愛情字典裡沒有羞赧曖昧，只有清楚明白的要或不要。

摩羯的愛很謹慎、很規矩，而且很不浪漫，所有愛情世界裡的輕柔溫暖，一到了摩羯身上，立刻像甜蜜的心形氣球遇到尖銳的針，「碰！」地一聲，全部化為烏有，只剩令人窒息的靜默。牡羊的愛很熱情奔放，沒有框架和包袱，更沒有誰該對誰負責的問題，愛與不愛只在一念之間，常常讓對方又愛又恨。

務實的摩羯一點都不在乎甜言蜜語的魅力，所以熱情的牡羊找不到切入點；摩羯要求雙方需要對彼此的未來有共識，所以隨興所至的牡羊無法跟隨。當自信又固執的摩羯，遇上同樣自信但脾氣卻急躁火爆的牡羊，兩人的愛情之路實在很難被期待和祝福。

◈ 如何吹奏兩人的愛情協奏曲？

　　無論談什麼話題，不是各持己見，就是相互批評，根本是話不投機半句多，對生活的態度，一個灑脫一個嚴謹，對愛情的認知，一個開放一個收斂，簡直是秀才遇到兵，有理講不清，實在很難溝通。兩人之間最欠缺的就是傾聽對方心裡的聲音，若只是一昧地表達自我想法或堅持自我主張，恐怕連和平相處都有困難，更不可能談情說愛了。

讓牡羊動心的祕技 天真坦白，樂觀，

不囉嗦。

讓牡羊窩心的禮物 玩具、運動用品、

公仔、新上市的商品。

讓牡羊開心的場所 遊樂園、新奇的

店、速食店、運動娛樂中心。

摩羯 love 金牛

　　金牛情人沒有搶取豪奪的氣勢，也沒有你死我活的狠勁，但卻有一千度的強烈占有欲，只要對方的眼神因為其他異性而稍微飄移、心思因為若有所思而小幅振盪，立刻醋勁大發，生悶氣、大聲甩門、拒絕親近等招術紛紛出籠，表示嚴重抗議。

　　喜歡吃美食、美麗的餐廳、有質感的禮物，只要營造具備這些元素的場景，兩人世界頓時如花團錦簇般夢幻美好，感情急速加溫。無論感情再怎麼長久、甜蜜，都不要牽扯到任何的金錢借貸關係，否則晴天馬上變雨天、熱情馬上變冷漠，千萬別挑戰節儉王的底線。

　　忠心誠懇，深情專注，執著持久，不玩愛情遊戲，一旦愛了就全力以赴，不僅心無旁騖地愛

著對方,而且早已偷偷計畫兩人的未來,相戀、結婚、生子、偕老……即使八字只有一撇,還是覺得開心滿足。

摩羯絕不會把愛情當遊戲,因為這麼做太浪費時間,不符合投資報酬率,而且毫無樂趣可言,還不如一次就把戀愛對象搞定,剩餘的時間才能拿來工作或進修。金牛在愛情方面比摩羯多一點浪漫和甜美情懷,但基本認知與調性是一致的,兩人都不認同遊戲人間的愛情態度、都強調忠實堅貞、都拙於說愛、都願意負責到底。

摩羯投入一段感情之前,必經過長時間的考驗和觀察,這是金牛可以等的;摩羯希望以結婚為前提交往,這是金牛可以接受的;摩羯不懂情趣,對工作的關心甚至多於愛情,這是金牛可以忍的。摩羯和金牛的愛情誓言雖不怎麼浪漫,但有堅定的共識作後盾,愛意必歷久彌新。

◈ 如何吹奏兩人的愛情協奏曲？

　　初見對方的感覺，即使沒有如天雷勾動地火般的激烈，一定也有小鹿亂撞、心跳加快那種被愛神之箭射到的甜蜜感覺，簡單地說，就是好感說不完的一見鍾情。兩人才相處三天就像認識了三年似的，完全不需要適應期，也沒有使人感覺不快的隔閡，任何困難都可攜手共度，相知相隨，親暱熱切，情感濃烈的幸福程度，讓所有人都羨慕不已。

讓金牛動心的祕技 可靠，幽默，有藝術品味。

讓金牛窩心的禮物 藝術品、珠寶、園藝用品、各式招待券。

讓金牛開心的場所 美麗與美食兼具的餐廳、藝術中心、郊外。

摩羯 love 雙子

　　雙子情人的愛情態度被大家貼上「花心」的標籤，但自己對這樣的評價卻不以為然，總覺得自己只不過是真實呈現人性多重愛欲的自然本性而已，大家實在沒必要如此嚴肅正經，更不應該為此亂扣倫理道德的大帽子，不妨輕鬆一點、放開心胸地面對愛情。

　　幽默風趣成為在愛情世界裡悠遊自得、左右逢源的最佳利器，一旦發現獵物，得手的成功率幾乎高達百分之八九十，懂得善用自己的優勢，是一個聰明、花樣多的愛情獵人。

　　愛情要讓人愉快，而不是讓人沉重；愛情生活應該精彩豐富，而不是規律穩定；愛情之所以迷人，是因為追求的快感，而不是耐心的等待；愛情最讓人興奮的部分是達陣之前的疾速奔馳，

而不是達陣之後的塵埃落定；愛情最令人回味的是曾經擁有，而不是天長地久。

摩羯不懂得如何經營你儂我儂的愛情，也不喜歡玩樂，一旦遇上一個愛玩又需要變化的情人，恐怕問題就大了，而雙子便是典型的例子。當摩羯還在自己設定的情人檢測表上一會兒打勾、一會兒打叉時，雙子早就因為不耐煩而走得無影無蹤，根本不想和一個乏味無趣、開口閉口都是工作的人談戀愛。

摩羯和雙子對於愛情的態度大不同，摩羯希望對同一個對象從一而終，長長久久、永誌不渝，雙子希望多多嘗試，累積豐富經驗後才做決定。顯然，兩人的愛情頻率接合不易，若想擦出愛的火花，恐怕還有許多實際上和技術上的困難要努力。

◈ 如何吹奏兩人的愛情協奏曲？

　　彼此之間好像隔著千山萬水，只能遙遙相望，不太有機會親近對方，而雙方也的確都沒什麼相互接觸的意願，屬於感情難以培養的組合。每次好不容易努力把兩人送作堆，卻又狀況連連，不是一方莫名地礙著了另一方，就是雙方互不給好臉色，實在難相處，所以，兩人特別需要學習摒除成見與耐心溝通，才有可能進一步往好的方向發展。

讓雙子動心的祕技 不黏膩，變換花招，有新鮮感。

讓雙子窩心的禮物 度假招待券、手機、益智遊戲、趣味商品。

讓雙子開心的場所 咖啡廳、百貨公司、旅遊景點、大賣場。

摩羯 love 巨蟹

　　巨蟹情人要的愛情是一份包含了溫柔體貼、善解人意、至死誓言的安全感，暖暖的、厚實的、永恆不變的。在真愛來臨之前，害羞、不知所措，沉醉在真愛裡的時候，甜蜜深情，卻又惴惴不安，當真愛確定不移之後，放心安穩，一生奉獻，毫無保留。

　　雖然，兩情相悅的美麗情懷是不可欠缺的，但更圓滿美好的表現應該是再加進像家人一樣的親情，因為那才是不怕洪水猛獸侵襲、不懼天崩地裂破壞的情感，源遠流長，直到永遠。

　　容易猶豫不定，且情緒起伏較大，所以需要對方循序漸進的引導，以及耐心地守候，不適合火力全開的激烈攻勢。兩人爭吵時，無法在第一時刻把思緒理清楚、把話說明白，必須經過一段

時間冷靜思索，才會有答案，對方若一昧強硬逼迫，不但無效，還可能產生反效果。

　　摩羯不但傳統、脾氣硬，而且毫無情趣，對愛情有一套自己的看法，強調負責和長久，不認同輕率的愛情遊戲，只要對方拿出誠意，摩羯一定全力以赴、堅貞不移。而情感豐沛又容易受傷的巨蟹，則期待一段既濃情蜜意又安全穩當的愛情，希望對方不僅懂得體貼和關懷，最好還能誠懇地為兩人許一個美好未來，這樣便是最完美的戀情模式了。

　　表面上，摩羯和巨蟹像是一冷一熱的搭配，似乎有些不協調，但其實兩人最重要的交集便是家庭觀念，摩羯看上巨蟹愛家的性格，巨蟹愛上摩羯顧家的特質，一旦有了共同目標，所有的疑慮立刻變成無傷大雅的小事一椿，兩人最後一定能心滿意足地擁抱幸福。

◈ 如何吹奏兩人的愛情協奏曲？

一開始就注意到對方，但沒有好感，看不順眼，隨口就可以講出對方千百個令人討厭的缺點，沒想到慢慢地，越看越有趣，臉上笑容變多了、心變柔軟了、喜上眉稍的感覺藏不住了，冤家變親家，一段致命吸引力的情緣從此展開……既然彼此真有愛意，就應該多包容、多站在對方的立場思考，相互磨合修整，互斥自然就變成了互補，美麗圓滿。

讓巨蟹動心的祕技 愛家，關懷體貼，寵愛。

讓巨蟹窩心的禮物 手工藝品、傢飾品、仿古傢俱、田園風格商品。

讓巨蟹開心的場所 花店、安靜溫暖的餐廳、跳蚤市場、懷舊之地。

摩羯 love 獅子

　　獅子情人所認定的愛情是轟轟烈烈、濃情蜜意、瘋狂烈愛……總之，就是一個不折不扣的重口味者，一旦陷入愛河，勢必高調地昭告天下，深怕漏掉一耳一目，而此舉的目的不僅是為了享受引人側目、招來嫉妒的得意感，更想讓對方感受到雄渾烈火般的愛意。

　　愛面子又不認輸，即使是自己做錯也不許別人笑，堅持保有尊貴的地位和非凡的氣勢，對方只要懂得順著獅毛梳理，不硬碰硬或逞嘴上之能，一定可以贏得歡心，過著吃香喝辣、橫行無阻的風光生活。

　　雖然有自己的喜好和行事風格，而且有些霸氣、自大，卻不會隨便亂發脾氣，只是一旦對方犯了大忌，引發獅子發火，可能就很難收拾了。

喜歡群聚的熱鬧氣氛，真正為兩人世界所花的時間和心力不多，把情人和朋友放在一起玩樂的模式似乎才是最愛。

摩羯雖然不以口才取勝，而且給人的印象大多沉默低調，但並不表示摩羯是一個沒有意見的人，相反地，摩羯總是希望以自己的意志和想法主導局面，就連在愛情方面也是這樣的心情，摩羯表面上雖不強勢，但私底下對於自訂的愛情規則，卻會強硬地要對方一起配合，所以常常因為忽略對方的感受而把一段美好關係搞砸。

當摩羯把自認為極有效率的愛情守則逐一唸出時，被大家公認為情聖達人的獅子簡直不敢相信自己的耳朵，竟有人膽敢教獅子如何談情說愛，而且還是最沒情調、不懂浪漫、不會談戀愛的摩羯，這種感覺不僅可笑，更是污辱，於是毫無意外地，摩羯愛情失敗記錄再添一筆。

◈ 如何吹奏兩人的愛情協奏曲？

大部分的時候，雙方就像兩條平行線，很難有交集，既不想知道對方的任何訊息，也不可能主動關心對方，總是各自為政、互不搭理。因為彼此沒有互動的渴望，所以即使有接觸的機會，也很難建立在愛情上。基本上，要兩人相安無事地相處，並非難事，反而要培養出情投意合的愛意是比較不容易的，所以，一定要不斷地運用各種方式激發出自己與對方的熱情，才有可能長相廝守，直到永遠。

讓獅子動心的祕技 讚美，順從，玩樂的興致高昂。

讓獅子窩心的禮物 華麗閃亮的飾品、太陽眼鏡、高價精品、皮件。

讓獅子開心的場所 舞廳、五星級飯店、高級俱樂部、狂歡派對。

 **摩羯 love 處女**

　　處女情人的規則多如牛毛，異味止步、指甲不能太長、看書時不能用力折……這些規則讓那些搞不清楚狀況的人動輒得咎，前面那條規則都還沒瞭解透澈，接下來的一句話或一個動作，又馬上又犯了錯，簡直就要把對方搞瘋了，而自己也因為氣到爆青筋而快出人命。

　　喜歡談有建設性的話題、喜歡具學習價值的活動、喜歡可獲取實質利益的工作，謹慎務實的特質讓愛情變得不怎麼浪漫，但對於個人性格的磨練與成長，倒有極大的幫助。

　　把親情、友情與愛情切割得一清二楚，無論是自我認知或實際行為，都沒有模糊地帶，執行嚴明，同時也要求對方達到一樣的標準。雖然，愛挑剔，愛叨念，但卻是一個以誠相待、對感情

負責，交往到一定程度即願意與對方攜手共度一生的情感穩定分子。

摩羯和處女有許多相似之處，兩人都是一旦決定愛一個人就不會輕言放棄，且強調麵包比愛情重要的務實派。當摩羯嚴肅地向處女提出愛情守則時，處女不但不生氣、不排斥，甚至還相當配合，寧願在付出真愛之前把話說清楚、講明白，也不想因為自己一時疏忽或評估錯誤而浪費彼此的時間，而當處女認真地跟摩羯研究起生活細節時，摩羯也不覺得煩，反而還覺得問題很務實，讓人覺得安心。

摩羯和處女覺得花錢吃浪漫大餐太浪費，還不如把錢存起來比較實在，也覺得花前月下的綿綿情話太噁心，還不如把愛化為實際行動，當一個可靠的情人，總之，兩人的愛雖不浪漫，卻是最堅定厚實的。

◈ 如何吹奏兩人的愛情協奏曲？

兩人的性格都偏向內斂害羞和務實嚴肅，對於風花雪月、唯美浪漫那套招術一竅不通，一談到戀愛就想到結婚，一講到結婚就想到共築愛巢的責任，當其他情侶還在月下談情說愛時，雙方腦海中的畫面早已跳到柴米油鹽醬醋茶之類的生活瑣事。不過，雖然少了甜蜜，卻多了安全感，踏踏實實、長長久久的感覺，就是彼此最滿意的共識。

讓處女動心的祕技 有禮貌，乾淨整齊，知性話題。

讓處女窩心的禮物 健康用品、有機食品、筆記本、精美日用品。

讓處女開心的場所 強調健康概念的餐廳、聽演講、博物館、書店。

摩羯 love 天秤

　　天秤情人是標準的「外貌協會」，除了自己愛美、注重形象之外，就連情人的長相、氣質、穿著打扮，甚至生活品味，都要一併列入考慮，只要稍有差池就淘汰，平時喜歡當濫好人，為了顧全大局，總是鄉愿妥協，但與外形有關的部分絕不會委屈求全。

　　讓這個人滿意了，可能那個人就生氣了，同意了這邊的要求，就等於拒絕了那邊的好意……最怕陷入兩難的矛盾情緒，一遇到需要抉擇的場面，不是刻意敷衍，就是隱遁逃避，直接來個不問不理。

　　對於愛情的態度是柔軟清爽，而不是濃厚強烈，即使是情人之間的相處，也只像一陣舒爽輕柔的風，或像一條澄淨透明的溪水，或像時而淡

香、時而無味的空氣，絕不是熾茂燄盛的烈愛，也不是糾糾纏纏的熱情，和一般人對愛情的期待大不相同。

摩羯對於任何人事物都有明確的方向和立場，即使面對強調感性浪漫的愛情，也一樣清楚明白，絕不和沒有未來的對象搞曖昧、絕不因為同情而與個性不合的對象交往、絕不隨意放棄好機會，是一個懂得用理性處理愛情問題的人。天秤平時就容易因為怕得罪人而變得鄉愿，在面對愛情時，更常因為無法拒絕別人，或不知如何表達心中真正的想法，而把情愛關係搞得異常複雜，最後連自己都難收拾。

摩羯雖然覺得天秤既優雅又迷人，但終究受不了天秤的猶豫不決，天秤雖然欣賞摩羯的穩重可靠，但實在無法認同摩羯只重物質、不重精神的愛情方式，所以，兩人還是各走各的路，會比較輕鬆愉快。

◈ 如何吹奏兩人的愛情協奏曲？

　　兩人性格不相容、氣味不相投、生活不搭軋，從見面的第一眼就在心裡畫一個大叉，接二連三的罵聲從心裡冒出來，只差沒有真的脫口而出，立刻列入不往來的黑名單。但神奇的是，不契合的狀況竟隨著幾次的相處，演變成不打不相識，兩人慢慢理解對方，原本的壞印象也會持續減少，所以，雙方應該試著多給彼此機會去表現各自的優點，如此一來，愛苗就有空間慢慢滋長了。

讓天秤動心的祕技 溫和，精心打扮，熱情。

讓天秤窩心的禮物 時尚精品、香水、音樂盒、設計師名品。

讓天秤開心的場所 優雅的咖啡廳、流行商品店、名牌店、音樂廳。

 摩羯 love 天蠍

　　天蠍情人的愛情是濃密厚實、是深沉入裡、是專心一志、是飛蛾撲火、是欲念橫流……是沒有做好心理準備就陷落的人，承受不起、也消化不了的。滿滿一缸醋罈子，隨時等著打翻，對情人的精神與肉體施以同樣嚴格的控管，連一點細縫都不留。

　　疑心病重，心思縝密，觀察力過人，喜歡追根究底，對方只要有一點不對勁，便立刻著手調查，而且是暗中偵察，絕不會做出打草驚蛇的傻事，非要查個水落石出不可，並保證讓對方心服口服。

　　只要認定了一個人、一段感情，再多犧牲奉獻也覺得心甘情願，最痛恨欺騙和背叛，對方若膽敢在背後亂搞，即使僅有一次，也會立刻被判

死刑，不但永無翻身之日，還可能遭到嚴厲的懲罰和報復，是一個占有欲極強、寧為玉碎不為瓦全的激情分子。

摩羯喜歡有情人陪在身邊，或被情人照顧的感覺，但並非你儂我儂、貼來抱去的黏膩感，而是兩人存在同一個空間裡各自看書、工作或休息，靜靜的、穩穩的，讓人有一種難以言喻的安全感。天蠍一旦談起戀愛，就會使出百分之百的熱度，占有欲、控制欲全都派上用場，一定要把自己和情人牢牢地綁在一起，才覺得放心滿足。

摩羯和天蠍都認同情人是需要被管教、被掌控、被要求的，所以當摩羯提出聽起來不怎麼合理的條件時，天蠍毫無怨言地照單全收，當天蠍因為一點懷疑而仔細盤查摩羯時，摩羯也配合得甘之如飴，兩人對愛有共識，再加上時間的考驗和累積，一定能走得長長久久。

◈ 如何吹奏兩人的愛情協奏曲？

　　一開始的感覺很普通，沒有心花朵朵開的浪漫感，也沒有不屑鄙視的嫌惡感，就像一般朋友。但隨著時間地積累，慢慢日久生情，好感度逐漸增加，到最後甚至有越陳越香的態勢，算是滿契合的一對。所以，雙方相處的重要關鍵在於突破初識的生疏、猜忌、冷漠，只要成功進入互有好感的第一階段，之後就能一起登上愛之船，遨遊愛之海了。

讓天蠍動心的祕技 自信，循序漸進，不探隱私。

讓天蠍窩心的禮物 精油蠟燭、偵探小說、占卜工具、神秘學書籍。

讓天蠍開心的場所 電影院、幽靜木林區、具靈異氣氛的場所。

摩羯 love 射手

　　射手情人無法在兩人世界眈溺太久,才相處幾天,立刻把平時陪在身邊瞎混瞎聊的好友拉攏過來,一起吃喝玩樂、遊山玩水,從兩人世界變成三人,再變成六人、十人……最後狐群狗黨全都上場,明顯多了插科打諢的歡樂氣氛,但浪漫的愛情氣息則蕩然無存。

　　沒有定性,所以無法和同一個人膩在一起太久;熱愛自由,所以無法被同一段情感長時間束縛;討厭壓力,所以無法給出一個具體的承諾。絕大部分的基本特質與愛情本質是相悖的,且改變不易。

　　因為自己開朗樂觀、大方豪邁,因此希望對方也是個正向陽光、心胸開闊的人,如果一天到晚只在乎小細節、只是唉聲嘆氣、只想緊迫盯人、

只吵著要兩人獨處、只懂得用恐嚇威脅、只會說一些假裝讚美的應酬話，那麼，兩人的結局恐怕凶多吉少。

摩羯對愛情的定義是安心、信任和長久，一段感情帶來的應該是同甘共苦的感動，以及攜手共創未來的真心誠意，十分排斥隨興玩玩、愛過就丟的愛情模式。射手無論多愛對方，都不會給對方承諾，因為不想讓自己有壓力，更不願意看到自己最後因為實現不了承諾，而被逼得走投無路，再者，射手愛的對象太龐雜，若真要負責，恐怕再多十個射手都不夠用，乾脆裝傻、不聞不問，以躲過所有該負的責任。

摩羯不瞭解為什麼射手總是見獵心喜、定不下來，而射手也不懂摩羯為什麼可以長期執著於單一對象、專情一致，雙方之間有太多疑問和障礙需要克服，無論相處或相愛，難度都非常高。

◈ 如何吹奏兩人的愛情協奏曲？

打從相識之初，兩人就覺得不對盤，若是繼續相處下去，非但情況不易好轉，甚至每況愈下，最後只好以漸行漸遠收場。彼此的性格完全不同，喜好幾乎零交集，沒有共同話題，難以理解對方的思考模式，對於參予對方的生活更是興趣缺缺，所以，如果雙方仍想要攜手共度未來，一定要懷抱著無比的決心和包容力，否則最後還是要說再見的。

讓射手動心的祕技 不約束，講笑話，活動力強。

讓射手窩心的禮物 旅遊用品、太陽眼鏡、笑話書、民族風飾品。

讓射手開心的場所 具異國風情的餐廳或景點、同樂會、大自然。

摩羯 love 摩羯

　　摩羯情人凡事追求踏實安定，即便遇到以夢幻浪漫為本質的愛情，亦不改其堅定不移的態度和立場，一旦決定與某人交往，必是以結婚為前提作考慮，認真程度一如面對工作時的嚴謹負責，而且備有長期周詳的愛情計畫，絕不輕言兒戲。

　　表面看起來穩健自信，其實內心摻雜著脆弱悲觀的性格，需要身邊的人時不時地給予肯定和鼓勵，才得以抒解壓力和排解苦悶，繼續努力向前，所以情人必須扮演多重角色，既要是溫柔體貼的情人，也要是善於傾聽兼加油打氣的心靈導師。

　　不懂享受，毫無情趣，更惶論花錢花心思買生日禮物、過情人節或為紀念日慶祝，舉凡基本生活需求之外，一切從簡，認為真正的愛情應該

是兩個人老老實實地同甘共苦，而不是不知民間疾苦地拚命享樂。

摩羯的愛就像千年化石，堅實不摧、固結緊密，一旦愛上了就不會隨意改變初衷，可以讓對方放一百二十個心。當一般人還沉醉在熱戀的甜蜜時，摩羯已經開始著手規畫長遠的未來，包括結婚、生子、老年生活等等，一應俱全，周詳完整的配套措施，讓摩羯式的愛情少了幾分浪漫，卻多了幾分踏實。

當摩羯遇上摩羯，不僅步調一致，而且感情穩定，不太可能遇到桃花亂開、劈腿之類的煩惱，只需把心思放在情感經營和對未來的規畫，就能穩健地直到天荒地老。也許在他人眼裡，摩羯既沒生活情趣，又愛講嚴肅話題，但同是摩羯的另一方卻甘之如飴，覺得自己幸福美滿。

◆ 如何吹奏兩人的愛情協奏曲？

要描述兩人在一起的感覺，最貼切的形容就是又愛又恨。當彼此磁場契合、頻率相同的時候，怎麼看怎麼順眼，就算對方講的話無聊至極，也能肉麻當有趣地笑得花枝亂顫，但如果兩人意見不和時，對對方的容忍度立刻降到零度，毫不留情面。所以，不妨多想想對方的優點和兩人曾經共有的甜蜜回憶，等氣消了、怨沒了，自然雨過天晴。

讓摩羯動心的祕技 言之有物的談話，端莊，正面思考。

讓摩羯窩心的禮物 名牌皮件、經典文具、實用的傢俱、古董。

讓摩羯開心的場所 山區、公園、郊外、書店、古蹟、博物館。

摩羯 love 水瓶

　　水瓶情人常因博愛精神而被認定為花心大蘿蔔，其實這性格特質與愛情是無關的，必須分開來看待。在還沒確定一段感情之前，廣交異性，來者不拒的行為，的確容易被當作遊戲人間的花蝴蝶，可是一旦定下來之後，則自然會收斂許多，只留唯一的真愛。

　　無論在思想或行為上，都追求最大限度的自由，只要有一點拘束限制的感覺，立刻毫不客氣地變臉走人，寧可放棄甜蜜的情愛、契合的交流、溫暖的陪伴，也要爭取自我應有的空間。

　　聰慧、自我、創新，所以特別喜歡反應快、有想法，而且夠獨立的對象，不管大部分人的愛情模式和規則是什麼，只願意接受讓自己覺得舒服快樂的方式，即便可能因此引發爭端、招來非

議，仍堅持繼續試探衝撞，直到雙方找到相同的頻率為止。

摩羯把愛情當成一項任務、一個事業在經營，雖然少了許多甜蜜浪漫的成分，但起碼認真負責，而且進度和細節都規畫得詳盡完整，算是沒有功勞也有苦勞的情人類型。水瓶面對愛情時，總是顯出一種合則來、不合則去的瀟灑，覺得一見鍾情的電光石火沒什麼不好，多年媳婦熬成婆的細火慢燉也可以接受，反正，水瓶認為愛情本來就不應該被設限，彼此在一起開心最重要，能不能天長地久就看運氣了。

摩羯的理想情人不是只要眉目傳情或牽牽小手，還要能吃苦耐勞，有誠意攜手共創未來，而水瓶喜歡的對象則是獨立、有個性、非傳統的，顯然，沒有交集的摩羯和水瓶必須各尋愛侶，才能擁有幸福愛情。

◈ 如何吹奏兩人的愛情協奏曲？

　　彼此雖然生活領域不同，基本特質亦有差異，但卻因為並非全然的落差和衝突，反而有一種欣賞對方和想要向對方學習的心情。兩人時而以柔克剛或以強扶弱，時而以慢制快或以快帶慢，感覺真美妙。不過，可惜這美妙終究是短暫的，等到時間一久，最初因差異而產生的新鮮感漸淡，回歸原點，不契合的現象也就紛紛浮出檯面了。所以，兩人最佳的相處模式應該是遠觀而不褻玩，保持距離、以策安全。

讓水瓶動心的祕技 獨立，以退為進，培養相同興趣。

讓水瓶窩心的禮物 最新科技商品、科幻小說、漫畫書、奇特商品。

讓水瓶開心的場所 3C賣場、天文館、可觀星的郊外、展覽會。

摩羯 love 雙魚

雙魚情人希望自己二十四小時都能在愛情海裡悠遊，不用管生活的壓力、煩人的工作、複雜的人際，只要整天和情人黏在一起，你儂我儂、甜甜蜜蜜，就等於擁有了無與倫比的快樂。

情緒是混雜的，情感是曖昧的，搞不懂自己到底想要什麼，說不清自己到底愛誰比較多，一旦處於質詢逼問的緊繃場面，只會選擇逃離，留下關係糾纏交雜的爛攤子。生性膽小怯懦，學不會拒絕，也不懂得分寸和自制，特別容易被人騙，或在不知不覺中騙了別人。

愛聽對方講心事，也喜歡講自己的故事給對方聽，快樂時一起大笑，悲傷時一起落淚，情感被交融得濃稠緊密，從此認定那就是浪漫情懷、就是千金萬金買不到的至愛真情，但誰知過幾天

又遇到情投意合的對象，所有夢幻感性重新再來一遍，彷彿沒完沒了的情愛輪迴。

摩羯對待愛情的態度是寧缺勿濫，沒有深入的瞭解和嘗試性的交往，絕不可能獻出自己的真情，一方面是不想浪費時間，二方面則是不願承受草率輕忽的未知後果，把愛情看得十分神聖。雙魚對於愛情的標準雖不像摩羯那麼嚴苛，但卻同樣地認真和投入，只是雙魚大多是在未經深思的狀況下，就一個勁兒地躍入愛河，風險相對高出許多。

但奇妙的是，這一硬一軟的組合卻十分契合，因為摩羯的堅定和負責，讓雙魚有一種前所未有的安全感，即使必須為此放棄一些夢想，也心甘情願，而雙魚的似水柔情也能隨著時間一點一滴打進摩羯堅硬如石的心，雙方濃情交流、愛意不斷，幸福的未來也就近在咫尺了。

◈ 如何吹奏兩人的愛情協奏曲？

雙方的契合感是渾然天成的，不矯情，不必刻意培養，即使單純地坐著也覺得愉快，對於某些事或某些狀況能很快地取得共識，不僅愛情指數穩定向上攀升，就連愛情濃度也持續增高，彼此相親相愛的情景羨煞所有人。所以，兩人只要堅持不讓沒事變有事、小事變大事，就能安然無恙地共創美好未來。

讓雙魚動心的祕技 浪漫溫柔，主動，體貼。

讓雙魚窩心的禮物 手製卡片、花、水晶飾品、巧克力、宗教飾品。

讓雙魚開心的場所 海邊、有月光的公園、動物園、靈修場所。

12 星座之天使與魔鬼

天使牡羊：熱心，真誠

　　　　　　　魔鬼牡羊：粗暴，衝動

天使金牛：溫柔，可靠

　　　　　　　魔鬼金牛：頑固，耍牛脾氣

天使雙子：風趣，資訊達人

　　　　　　　魔鬼雙子：花心，沒原則

天使巨蟹：奉獻，善解人意

　　　　　　　魔鬼巨蟹：濫情，猜疑

天使獅子：大方，誠懇

魔鬼獅子：權勢，剛愎自用

天使處女：服務，負責

魔鬼處女：批判，規矩多

天使天秤：優雅，妥協

魔鬼天秤：推拖，好逸惡勞

天使天蠍：專心，堅持

魔鬼天蠍：嫉妒，報復

天使射手：開朗，直率

魔鬼射手：直言，不切實際

天使摩羯：勤奮，謙遜

魔鬼摩羯：刻板，現實

天使水瓶：創新，人道精神

魔鬼水瓶：抽離，冷漠

天使雙魚：愛心，關懷

魔鬼雙魚：混沌，說謊

PART 5

12 種上升星座，12 種摩羯

除了基本的太陽星座，

上升星座在深入探討性格時也會被談到，

它會影響了個人的相貌特徵和外型氣質，

還包括呈現給別人看的性格面具。

上升星座查詢連結（需要輸入出生年月日時間及地點）

https://www.astrotw.com/horoscope/asc

上升星座落在牡羊的摩羯

上升牡羊的相貌特徵

⭐ 頭部比例明顯較大

⭐ 不高大，但具結實感

⭐ 手掌和腳掌比例較小

上升牡羊的外型氣質

⭐ 精力旺盛，急躁直率

⭐ 眼神中透出天真單純的氣息

⭐ 直言，自然，不做作

上升牡羊的人，就像不經困境、不克服挑戰就覺得不夠痛快的勇士，精神振奮、生氣勃勃，全身散發著旺盛的精力和無懼的勇氣，行動迅速敏捷，隨時處於征戰狀態，有強烈的競爭和好戰意識，見一個打一個、見兩個打一雙，企圖以具體行動來證明自己的實力。

　　上升星座落在牡羊的摩羯，舉手投足皆散發一股強烈的雄心壯志，一副世界等著自己拯救的捨我其誰的堅定模樣，好像什麼挑戰都不怕、任何困難都擊不倒，只有奮勇前進，毫無退路。

　　自我、自負、自私，口口聲聲都在強調自我利益，不會站在別人的立場和角度思考事情，更不可能有同情憐憫之心，是一個獨善其身、不懂得與人分享的人。

　　即使做好萬全準備，還是會忍不住假想許多意外狀況，一下擔心這個、一下煩惱那個，使得

原本的自信一點一滴被削弱，只好故作積極勇敢來武裝自己，其實悲觀意識一直占據心頭，揮之不去。

上升星座落在金牛的摩羯

上升金牛的相貌特徵

- ★ 身材比例均勻而厚實
- ★ 下巴、脖子的線條優美
- ★ 成年後有容易變胖的傾向

上升金牛的外型氣質

- ★ 溫和，不多話
- ★ 情緒穩定，動作緩慢
- ★ 有時會顯露出無辜的模樣

上升金牛的人，讓人感覺穩重溫和、緩步優雅，做起事來不疾不徐，既不懂得趨炎附勢，也不隨波逐塵，有自己的步調節奏和原則方法，凡

事強調事前規畫與嚴格執行，絕不會讓怠惰壞了大事；喜歡一切與美麗有關的事物、氛圍、感覺，具有一定程度的生活品味。

上升星座落在金牛的摩羯，規規矩矩、穩重自持，每一次行動之前都經過縝密詳實的計畫，在確保萬無一失之後，才會充滿自信地一步步執行，無論何時何地，所有的表現都讓人放心。

認真努力和堅毅耐力，組合出異於常人的穩定特質，不管過程中出現多麼可怕的驚濤駭浪，總是能一一克服，以自己的力量度過難關，期待得到徹頭徹尾的成功，而非曇花一現的絢爛。

凡事靠自己打拚，不依賴任何人，但卻必須一直「依靠」著某一項規則、某一種秩序，否則就會亂了陣腳，不知所措，在反應與靈活度方面，顯然是有待加強的。

上升星座落在雙子的摩羯

上升雙子的相貌特徵

- ✪ 肩膀寬厚，肩線明顯
- ✪ 手指靈活或比一般人長
- ✪ 大多有視力的問題

上升雙子的外型氣質

- ✪ 反應靈活，動作敏捷
- ✪ 表情多，愛說話，且速度很快
- ✪ 情緒變化快

上升雙子的人，反應靈巧機敏，頭腦轉速是他人的好幾倍，對於周遭人事物的感知力甚強，隨機應變、見風使舵是不費吹灰之力就能運用得宜的拿手絕活；聰慧俐落、點子多，對於知識與資訊的吸收消化能力特別強，經常在團體中扮演訊息交換者的角色。

上升星座落在雙子的摩羯，在群體之中，總是讓人留下開心自在、活潑主動的印象，但其實內心對與人來往的各種社交活動是很排斥的，顯露於外的表現與心想所願大異其趣，自己也覺得痛苦。

雖然，性格本質中帶有些許悲觀的傾向，且常有莫名的失落感，但並不會把心情欠佳的詞彙掛在嘴邊，或將負面情緒表現出來，是一個獨立自主、不想給別人添麻煩的人。

思緒清晰、邏輯清楚，不僅能把小事處理得

精確細微，面對大事時也不慌張忙亂，表現得體合宜，但有時會因為過於自我保護，而不容易與他人產生情感交流，略顯冷寂孤僻。

上升星座落在巨蟹的摩羯

上升巨蟹的相貌特徵

★ 胸部寬厚、凸顯

★ 皮膚細緻，身材豐腴，屬易
  胖體質

★ 重心在上半身

上升巨蟹的外型氣質

★ 眼神明亮，含水感

★ 情緒起伏大

★ 沒有侵略性

上升巨蟹的人，給人一種害怕陌生、畏縮膽怯的印象，但本身親和力十足，總是在他人低潮受困時大方伸出援手；對於喜樂哀怒的情緒轉換掌控制能力不佳，易情緒化；重心大多放在自己家庭，或與家庭有關的事務上，例如為家人打理大小事宜，甚至為家人犧牲奉獻等等。

上升星座落在巨蟹的摩羯，一方的心思細膩、情感豐沛，動不動就熱淚盈眶，另一方則強調紀律、理性冷感，即使有淚也不輕彈，這兩種反向力量經常處於拉扯狀態，前退兩難。

外表的柔弱不代表全部，內心的堅強才是性格的本質，嘴裡說好、眼裡含淚，都只是一時的妥協退讓，其實心裡早就打定主意，並為這個決定做足了萬全的準備，全力奮力一搏。

平時的表現不太主動，尤其對於人際互動更是淡漠，雖然，表面上仍與人維持著某種關係，

但內心是沒有熱忱的、不情願的，所以每一段情誼都難以和睦且長久地維持下去。

上升星座落在獅子的摩羯

上升獅子的相貌特徵

✪ 頭較大，頭髮自然捲，
   肉結實

✪ 眼睛大而圓，且眼角向上揚

✪ 成年後有容易變胖的傾向

上升獅子的外型氣質

✪ 眼睛炯炯有神，氣勢凌人

✪ 光明磊落，精神奕奕

✪ 開朗，愛表現

上升獅子的人，自認是天生活在舞台上、被聚光燈追著跑、擁有眾多支持者的王者，活力充沛、自信滿滿、開明華麗，隨時隨地都在想辦法引起他人的注意，自尊心十分強盛；領導才能突顯，而且架勢十足，自願扛起指揮坐鎮的重責大任，同時享受被人愛戴尊崇的榮譽。

上升星座落在獅子的摩羯，對人生除了有充滿希望的熱情，還有著無與倫比的企圖心，隨時隨地都處於備戰狀態，不畏艱難，就像故事中英姿煥發的武士，威猛雄健，勇往直前。

具有無人能敵的領導天分，只要眼神一瞟、手勢一揮、大聲一吼，就能展現力拔山河之勢，立刻激起支持者亢奮的情緒，同時更讓敵方聞之喪膽，想要攻城掠地，贏得戰績，絕非難事。

愛面子、自以為是，主觀意識強烈，一切所做所為都是為了得到最後勝利，滿足坐擁天下的

成就感，即使為此犧牲他人權益也在所不惜，濃厚的物質、權力欲望，緊緊包圍著內心，難以化解。

上升星座落在處女的摩羯

上升處女的相貌特徵

- ✪ 骨感，身材比例細緻
- ✪ 下巴較尖或較瘦，嘴巴較小
- ✪ 屬於乾性膚質

上升處女的外型氣質

- ✪ 清爽整齊，有禮貌
- ✪ 拘謹，小心翼翼
- ✪ 隨時注意任何細節

上升處女的人，端莊有禮、心思細微、嚴謹務實、認真負責，符合一般社會化標準的期待，容易給他人留下良好的第一印象；組織力和分析

力特別強，可以在極短的時間內，把一件事從亂無章法整理成井然有序的系統化，被公認為精練能幹的效率達人。

上升星座落在處女的摩羯，做事有條不紊，嚴守紀律不踰矩，首重踏實安全的原則，不會為任何無法得到證實的「可能性」冒險，走的是穩紮穩打的路線，力求完美，追求效率。

過於利益導向，凡事總是先想到自己要得到什麼好處、要達到什麼目標，不懂得顧慮別人的立場和感受，即使態度認真負責、努力不懈，還是會引起他人的反感，不容易與人建立長久互利的情誼。

除了工作和家務勞動之外，就不知該做什麼，毫無生活情趣可言，對於太閒散安逸的生活方式感到擔憂，沒安全感，所以會一直找事情做，手腳都停不下來，無法完全放鬆。

 # 上升星座落在天秤的摩羯

上升天秤的相貌特徵

- ✪ 身材適中，骨架勻稱
- ✪ 下巴多有稜角，雙唇飽滿
- ✪ 穠纖合度，不易過胖或過瘦

上升天秤的外型氣質

- ✪ 舉止優雅得體
- ✪ 有親和力，給人舒服的感覺
- ✪ 口才好，具社交手腕

上升天秤的人，優雅迷人、強調公平原則、善於社交，除非遇到過於不合理的狀況，否則大多會選擇配合他人，以避免製造不愉快的爭端；

必須存在於人群團體之中，才會有安全感，無論做什麼都喜歡有人陪伴，藉著與他人的互動，感受自身的需求與心理狀態。

上升星座落在天秤的摩羯，內心布滿衝突的細胞，搞不定方向、想不出解決方法，十分痛苦，但又固執不聽勸，即使有人建議了絕妙祕技，也只是表面展現贊同之意，實際上根本無法身體力行。

自認為是一個對美感非常要求的人，有一套自己的主張，其實若以一般人的標準來看，實在不怎麼樣，但卻不夠自覺，甚至還會主動對他人的表現提出看法與評論，有一種另類的自信。

在危急或利益衝突的時刻，或許會顯現一些小奸小惡的性格，例如因為不好意思拒絕別人而給予承諾，事後才抱怨又責罵，但大體來說，仍算是一個中規中矩、善良和氣的人。

上升星座落在天蠍的摩羯

上升天蠍的相貌特徵

✪ 沒什麼腰身，臀部豐滿

✪ 毛髮烏黑又濃密

✪ 眼神深邃神秘

上升天蠍的外型氣質

✪ 獨特的神秘魅力

✪ 話不多，冷酷靜默

✪ 性感，悶騷

上升天蠍的人，習慣將真正的情緒藏於內心，外表冷靜內斂、沉著鎮定，與他人之間彷彿隔著一道銅牆鐵壁，堅硬厚實，難以攻破；獨特的神

祕魅力、堅忍不移的專注力、無法撼動的意志力，組合成一股凡人難敵的吸引力，靜謐卻幽遠地影響著身邊的每一個人。

上升星座落在天蠍的摩羯，性格強烈，走重口味路線，無論金錢財務或愛恨情仇都算得一清二楚，不佔人便宜，更無法接受吃虧，堅守人不負我、我不負人的原則。

執念頗深，容易對他人產生猜疑之心，一旦相信某種理念，就很難再改變，即使這麼固執下去可能會有危險性，仍堅持到底，自我意識深厚，除非自己願意調整修正，否則任誰也改變不了。

有擔當、負責任、執行力強，遇到能力足以應付的任務，會卯盡力氣去做，絕不鬆懈偷懶，碰到困難重重、險勢阻礙的狀況時，一樣也會全力以赴，絕不推諉退縮。

上升星座落在射手的摩羯

上升射手的相貌特徵

⭐ 身材重心在下半部

⭐ 大腿特別結實

⭐ 怕熱，容易出汗

上升射手的外型氣質

⭐ 帶著一點喜感，很開心

⭐ 笑聲大，笑容燦爛

⭐ 粗線條，常跌倒或打翻東西

上升射手的人，永遠是那麼快樂無憂、精神奕奕、瀟灑自在，雖然也常被粗心大意或隨興而起的性格所害，但終究是一個樂觀主義者，所有

煩惱皆能轉頭就忘，完全不留痕跡；喜歡學習、交朋友和旅行，善於發揮正面的能量，並努力以行動實踐自己的理想。

上升星座落在射手的摩羯，擅長搞笑卻不過火的黑色幽默、全面性的關注力，再加上樂於助人的熱忱，把所有人照顧得服服貼貼的，所以在社交場合裡總是特別容易受人歡迎。

平時，處事成熟，應變能力不差，但有時候，突然一時把話說得太快、太滿，造成事後極大困擾，甚至難以收拾的情況時，反而整個人僵住，不知所措，顯現危機處理能力有待加強。

情緒反差太大，而且有些無厘頭，雖然面對同一種狀況，但因為時間、人物或場合不同，可能出現完全迥異的反應，常使得周圍的人覺得難以自處或尷尬不已，影響人際關係甚鉅。

上升星座落在摩羯的摩羯

上升摩羯的相貌特徵

✪ 骨架大，肌肉結實

✪ 皮膚顏色較深，髮質較粗

✪ 身材大多屬於清瘦型，不
   易發胖

上升摩羯的外型氣質

✪ 嚴肅，表情不多，沉靜

✪ 帶著一股憂鬱氣質

✪ 少年老成的模樣

上升摩羯的人，外表看起來比實際年齡成熟，散發一種不開心的憂鬱特質，讓人覺得拘謹嚴厲，不易親近；做事循規蹈矩、勤奮不懈、嚴守分際，標準的實際主義者，不浪費時間在沒有實質獲利的事情上，付出一分耕耘，就要有一分收穫，不佔人便宜，但也不吃虧。

　　上升星座落在摩羯的摩羯，辛勤工作、認真學習、耐力驚人、拙於表達，對於一般人最愛的各種休閒娛樂毫無興趣，動態活動的極限就是爬山和散步，靜態休閒則是閱讀，是一個沒什麼生活情趣的人。

　　對於物質的渴求十分強烈，認為這世上最能帶給自己安全感的東西就是金錢，但不會有一步登天或以非法手段取得的貪念，靠的是自己日復一日、年復一年的勤奮打拚，雖然賺得辛苦，卻很踏實。

一生努力追求的目標就是名利與地位，希望受人尊敬，性格保守嚴肅，生活起居和飲食都很自律，思想偏向老派，喜歡強調敬老尊賢、長幼有序這套說法，很像穿著時裝的古人。

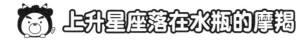# 上升星座落在水瓶的摩羯

上升水瓶的相貌特徵

- ✪ 身材比例姣好
- ✪ 手和腿的曲線優美
- ✪ 皮膚細緻白晰

上升水瓶的外型氣質

- ✪ 帶著靈氣的獨特美感
- ✪ 思緒清晰，說話條理分明
- ✪ 冷靜，有自己的想法

　　上升水瓶的人，低調冷漠、古怪獨特，不喜歡惹人注意，總是站在遠離核心的邊陲地帶，以冷眼旁觀的姿態看著一大群行為模式相同的人，

我行我素，需要百分之百的自由；對於與人類福祉相關的活動特別熱衷，是一個極具博愛精神的人道主義者。

上升星座落在水瓶的摩羯，不愛理人，也不管別人在做什麼，只專注在自己有興趣或與自己利益相關的事情上，被強烈的冷漠疏離感籠罩，與人群之間有一道無形的牆。

從外表看起來，好像沒有什麼具體的或符合社會標準的行動力，但其實心裡很清楚自己想走的路，也早已默默布局、進行，只是覺得沒什麼必要向大家宣告，一路獨行，成敗自己負責。

樂於出錢出力幫助有所需求的人，但在伸出援手之前，一定會把對方的實際狀況查個水落石出，拒絕當濫用慈悲心的冤大頭，寧可被定位成一個能夠發揮實質效用的公益者。

上升星座落在雙魚的摩羯

上升雙魚的相貌特徵

✪ 頭的比例較小，髮質柔細

✪ 眼睛大，但是無神

✪ 膚質好，腿細長

上升雙魚的外型氣質

✪ 眼神時而迷濛、時而無辜，

　很會放電

✪ 夢幻，膽怯，心不在焉

✪ 情感豐富，易被影響

上升雙魚的人，愛幻想、情感豐沛、靈氣逼人，散發著惹人憐愛的溫柔氣質，對於音樂和藝術的感受力遠遠超越一般人，但容易產生悲觀的想法，自信不足，怯懦膽小；配合度高，沒有強烈的企圖心，不喜歡沉重的責任和競爭的壓力，追求形而上的精神生活。

上升星座落在雙魚的摩羯，就像水和土的組合，當水太多的時候，恐有淹沒土地的危機，當水太少的時候，又會發生鬧旱災的窘境，只有恰到好處的水分，才能讓土地變得肥沃、有價值。

柔情中帶著一點堅定，隨和中帶著一些主見，平時相處，讓人覺得親切和緩，毫無殺傷力，但若談到正經事或遇到狀況時，立刻變得嚴謹明確，絕不模稜兩可，而且效率驚人。

有時會因為某種目的而勉強自己去配合別人，如果最後目的真能達成，皆大歡喜，可是如果事

情進展不如預期，則可能將問題怪罪到別人身上，儘管事後會因為自己不當的表現而懊悔，卻為時已晚。

PART 6

怎麼辦？摩羯～

人不可能永遠遇到好人或只與自己契合的人相處，

一旦遇到令自己覺得不舒服、厭惡、痛苦的人，

該怎麼辦呢？

這裡的求生術將帶你脫離苦海，

打造美麗人生！

遇到急躁牡羊，怎麼辦？摩羯～

牡羊什麼事都等不得，只恨自己沒有三頭六臂，像什麼慢活、靜心之類的勸戒之言，對牡羊來說，簡直是磨死人不償命的爛建議，心想：我連衝鋒陷陣的時間都嫌不夠、連冒險刺激的快感都還沒享受過癮，哪有時間慢慢來，太多目標等著征服、太多理想等著實現，只有快、再快、最快的節奏，才能讓牡羊感覺暢快淋漓。

摩羯性格穩定內斂，思慮深刻長遠，做事不疾不徐，凡事按部就班，極少出現慌亂匆忙的神情，而牡羊則想到什麼做什麼，還沒做足準備就急著奔向目的地，容易讓人覺得有勇無謀。

當摩羯遇到牡羊時，不妨借力使力，善用對方的衝勁和積極，調和自身略顯被動和悲觀的特質，即可順利將自己推向更高的層次。

遇到頑固金牛，怎麼辦？摩羯～

金牛看待「下決定」這件事，就像許多人對婚姻大事的看法一樣──考慮再考慮，絕不可兒戲。所以，在下決定之前，總要前思後想、左推敲右揣測，深怕一個不注意，把某處的關鍵細節遺漏了，功虧一簣、悔不當初。等到下定離手之後，便排除任何更動的可能性，即使一路上風雨飄搖、雷電交迫，仍不改其原定方向，始終如一。

摩羯對於已經決定的事，向來不輕易更動，就算遇到再大的問題也會盡力克服，目標始終不變，而金牛也有一樣的頑固特質，對所有人事物的認知總是從一而終，變節機率極低。

當摩羯遇到金牛時，只要能在事前協調溝通清楚，方向一致，就能免除過程中不必要的爭端，甚至有機會共創美好未來。

遇到不可靠雙子，怎麼辦？摩羯～

雙子往往說的比做的多，尤其在承諾方面，更是不折不扣的反指標，只要雙子自信滿滿、拍著胸脯、語氣堅定地說：「沒問題！」那一定會變成百年懸案，因為雙子對於自己說過的話，總是一轉頭就忘，負責任這件事從未出現在人生字典裡，就算他人耳提面命、千叮萬嚀，雙子仍然可以一派輕鬆地把所有責任忘得一乾二淨。

摩羯最引以為傲的事就是辦事牢靠、負責到底、值得託付，人品和實力都經得起時間的考驗，而雙子則善於光說不練，平時講得口沫橫飛，最後卻總是拿不出具體成果。

當摩羯遇到雙子時，不可盡信對方的承諾，必需眼見為憑，在行動前應該仔細確認，並做好最壞打算，才不會到最後感到失望。

遇到多愁善感巨蟹，怎麼辦？摩羯～

巨蟹的心思細膩敏感，尤其對於人性的感受力特別強，在群體之中，只要有人稍有不對勁的情緒，巨蟹連問都不用問，就能精確透析內幕，並表達關懷之意，讓人覺得十分窩心。但也因此，巨蟹的情緒起伏總是比一般人來得明顯許多，有時起因是自己的心結關卡，有時則是他人的情緒波及，使得自己的心情始終覆蓋著一層飄忽不定的陰影。

摩羯相當務實，未真正贏得勝利之前，絕不怠惰，也不奢想，只知全力以赴、使命必達，而巨蟹則整天憂心忡忡，情緒波動大，無法集中精神在正事上，表現失常的狀況時有所聞。

當摩羯遇到巨蟹時，除了要避免受對方不穩定的情緒干擾之外，應該試著多給對方一些調適心情的時間，兩人的相處才會和諧。

遇到沒耐性獅子，怎麼辦？摩羯～

　　獅子把自己的位子設定得高高在上，總覺得麾下芸芸眾生都必須靠自己過活，所以也不管是真忙還是瞎忙，獅子永遠都有處理不完的事，包括自己主動插手介入的、別人來請求幫忙的，或是意外的突發狀況等等，日理萬機，瑣事紛擾，使得原本就是個急性子的獅子老是動不動就威聲斥喝，顯露出沒耐性的火爆脾氣。

　　摩羯的耐力十分驚人，能跨不過別人無法跨過的門檻、經得起別人承受不了的考驗，最懂得以時間換取空間，而獅子對於目標的達成和成功的獲得，總是急切萬分，一點時間都無法等待。

　　當摩羯遇到獅子時，不要受對方氣勢影響，拿出臨危不亂的精神，依照自己應有的步調前進，最後必能讓對方刮目相看。

遇到窮緊張處女，怎麼辦？摩羯～

處女外表端莊有禮、鎮定謹慎，其實內心經常處於不安的狀態，就像心律不整的病患的心電圖，忽上忽下、忽強忽弱，不過因為處女很在乎形象，所以掩飾得很好，不易被人發現。處女窮緊張的性格有一部分是因為本身的標準過於嚴苛，迫使自己必須面對稍有差池就扼腕不已，或未達預期所帶來的巨大恐懼，搞得緊張兮兮、坐立難安。

摩羯只有在遇到意料之外的突發狀況時，心情才會受影響，變得有些緊張或急躁，其他時候總是表現得穩重自持，而處女則容易因標準太高、要求完美而把自己搞得緊張莫名，不易放鬆。

當摩羯遇到處女時，兩人的基本調性是相通的，應該可以溝通無礙、相處愉快，但要注意當雙方意見相左時的非理性衝突。

遇到愛享受天秤，怎麼辦？摩羯～

　　天秤一提到工作、任務之類的正經事，就像觀世音唸咒語，讓戴著金箍咒的孫悟空頭痛欲裂、生不如死的感覺，恨不能讓自己的世界與這些煩人的事情永遠隔絕，永不復見。許多蟲子都有趨光性，而天秤則有趨「美」和趨「享受」的特質，腦子想的全都是享樂之事，只要能和美麗的人在一起，並處於愉快氣氛的環境，就是天堂。

　　摩羯的人生除了工作還是工作，再不然就是從事像閱讀、爬山之類的健康休閒活動，無時無刻都在學習，而天秤的生活除了享受還是享受，總是想盡辦法逃離需要辛苦勞動或具挑戰性的任務。

　　當摩羯遇到天秤時，不要奢望對方可以成為和自己一起努力打拚的夥伴，只要懂得善用對方的機智和社交手腕，就能相處愉快。

遇到好強天蠍，怎麼辦？摩羯～

天蠍生來倔強、不認輸，對於訂下的目標，堅持達成，即使在這一路向前的過程中，可能需要上刀山、下油鍋，仍義無反顧。天蠍之所以能忍人所不能忍，關鍵就在於比別人多了一份堅毅的信念，絕非只是傲骨的硬撐，或被某人某事刺激之後的拚勁，而是對自我負責的表現，不需給任何人交待，跟自己比賽，一股求好的強烈決心。

摩羯表面看來總是低調、不懂得爭取，其實內心對成功的渴望十分強烈，想要贏得勝利的企圖心比誰都堅定，而天蠍的好強則溢於言表，任誰都能明顯感覺出那一股不達目的不放手的意志力。

當摩羯遇到天蠍時，不要跟對方比好勝之心，應該想一想雙方是否有合作的可能，若真有機會聯手出擊，成績勢必令人驚喜。

遇到理想化射手，怎麼辦？摩羯～

　　射手容易顯露理想化的毛病，但與做白日夢不同，所以更精確的說法應該是射手愛畫大餅，而且總是過度樂觀。射手一向走現學現賣、船到橋頭自然直的即興路線，懶得規畫，也不想花時間做事前準備，對自己的能力很有把握，從不知「仔細謹慎」這四個字怎麼寫，往往冒險過了頭、栽了跟斗，才會對收斂的人生哲學略有體悟。

　　摩羯在行動前必定經過深思熟慮和縝密規畫，所以對接下來的情勢掌握度幾乎百分之百，絕不可能發生過度樂觀的情形，而射手卻總是還沒開始踏出第一步，就已經沉醉在自我設定的美夢中了。

　　當摩羯遇到射手時，可能受不了對方浮誇的理想論調，但不妨試著學習對方的靈活和冒險精神，讓自己的性格特質更加圓熟完美。

遇到不擅溝通摩羯，怎麼辦？摩羯～

　　摩羯在溝通方面一直存在著極大的障礙，而這缺點所延伸而出的影響還真不少，例如人際關係受阻、吃力不討好、容易被誤解等等，更糟的是，摩羯在這方面的認知標準和大家有所不同，並不覺得自己有什麼問題，當然也就無意改善，長久下來，原本即與一般人頻率搭不上線的情形愈加惡化，讓人只想敬而遠之。

　　摩羯對於無法與人自在溝通，內心充滿矛盾，一方面覺得他人不夠用功上進，與自己的認真謹慎無法比擬，另一方面又羨慕他人天生的口才機智，所以乾脆減少與人互動，只管好自己的本分。

　　當摩羯遇到摩羯時，兩人頗有惺惺相惜的感覺，頻率相當、性格相近，且沒有壓力，彼此的溝通管道顯得流暢通順許多。

遇到叛逆水瓶，怎麼辦？摩羯～

水瓶的反骨叛逆性格，讓每個人都印象深刻，在團體裡，特異分子、難搞怪咖、點子王等強調與眾不同特質的稱號，實非水瓶莫屬，無人能出其右。自由對水瓶而言，就像空氣之於人類、肥料之於作物、食物之於動物一樣，絕不能少，否則一切停擺，再怎麼威脅利誘都沒有用，而這也是水瓶叛逆的終極表現之一。

摩羯喜歡守規矩，因為這樣做是安全的、受人喜愛的、能得到讚賞的，而水瓶的所有行為只受自我心意控制，與他人眼光、世俗標準無關，即使被指責的主角是自己，仍可置身事外。

當摩羯遇到水瓶時，若一直想著壓制對方，不僅徒勞無功，還可能引發衝突，不如給對方足夠的空間，各司其職，才能相安無事。

遇到愛幻想雙魚，怎麼辦？摩羯～

　　雙魚喜歡強調直覺、靈感、形而上之類的「感覺」，因而演繹出各式各樣不著邊際的幻想，超脫現實，悠遊於虛無飄渺、看不到也摸不著的世界。雙魚在自設的夢境裡，快樂似神仙，一切都是那麼美好，然而卻苦了身邊的人，有的忙著收拾爛攤子、有的忙著苦口婆心地勸導、有的忙著阻止悲劇發生……雙魚的美夢還真是大家的惡夢啊！

　　摩羯不做沒有建設性的事，即便是工作之外的娛樂，也一定要跟增長知識和充實自我有關，嚴肅務實，而雙魚最擅長的就是做白日夢，管他有沒有什麼非凡的意義，自己覺得浪漫幸福最重要。

　　當摩羯遇到雙魚時，應該打從一開始就把對方當成一個傾吐心聲或精神相伴的對象，只要是與工作無關，就能相處得融洽和樂。

12 星座不易被發現的隱藏性格

牡羊 習慣逞兇鬥狠的牡羊，真要哭起來，猶如天崩地裂，挺嚇人的！

金牛 肢體不靈活的金牛，如果有高人指點，有機會變身為舞林高手。

雙子 好像可以同時處理好幾件事的雙子，其實瞎忙的成分比較高。

巨蟹 多慮膽小的巨蟹，一旦犧牲奉獻，則勢如破竹、勇氣過人。

獅子 愛熱鬧的獅子，也會有不愛搭理別人的自閉傾向。

處女 表面端莊整齊的處女，在沒人看見的時候，完全不是那麼回事。

天秤 要求平衡、客觀的天秤，其實主觀的不得了。

天蠍 冷酷、疑心病重的天蠍，一被打動，就完全受對方擺布。

射手 粗線條的射手，在研究學問時，倒是十分仔細謹慎。

摩羯 拘謹嚴厲的摩羯，遇到喜歡的人，會變得非常浪漫。

水瓶 看起來不問世事的水瓶，其實對所有狀況都瞭然於胸。

雙魚 說話含糊、不具體的雙魚，心中早有答案，只是不說而已。

星座小熊 第一本星座書 摩羯座
堅持到底為了贏

作　者／星座小熊，曾新惠
美術編輯／達觀製書坊
責任編輯／twohorses
企畫選書人／賈俊國

總 編 輯／賈俊國
副總編輯／蘇士尹
編　　輯／黃欣
行銷企畫／張莉榮、蕭羽猜、溫于閎

發 行 人／何飛鵬
法律顧問／元禾法律事務所王子文律師
出　　版／布克文化出版事業部
　　　　　台北市中山區民生東路二段 141 號 8 樓
　　　　　電話：(02)2500-7008 傳真：(02)2502-7676
　　　　　Email：sbooker.service@cite.com.tw
發　　行／英屬蓋曼群島商家庭傳媒股份有限公司城邦分公司
　　　　　台北市中山區民生東路二段 141 號 2 樓
　　　　　書虫客服服務專線：(02)2500-7718；2500-7719
　　　　　24 小時傳真專線：(02)2500-1990；2500-1991
　　　　　劃撥帳號：19863813；戶名：書虫股份有限公司
　　　　　讀者服務信箱：service@readingclub.com.tw
香港發行所／城邦（香港）出版集團有限公司
　　　　　香港九龍九龍城土瓜灣道 86 號順聯工業大廈 6 樓 A 室
　　　　　電話：+852-2508-6231　　傳真：+852-2578-9337
　　　　　Email：hkcite@biznetvigator.com
馬新發行所／城邦（馬新）出版集團 Cité (M) Sdn. Bhd.
　　　　　41, Jalan Radin Anum, Bandar Baru Sri Petaling,
　　　　　57000 Kuala Lumpur, Malaysia
　　　　　電話：+603- 9057-8822　　傳真：+603- 9057-6622
　　　　　Email：cite@cite.com.my
印　　刷／韋懋實業有限公司
初　　版／2023 年 12 月
定　　價／300 元
ＩＳＢＮ／978-626-7337-68-4
ＥＩＳＢＮ／9786267337691（EPUB）

城邦讀書花園　布克文化
www.cite.com.tw　www.sbooker.com.tw